U0051551

秦始皇

一場歷史的思辨之旅。

呂世浩——著

推薦序——

閱讀這本書，就像進入一座寶山

【政大歷史系退休教授】孫鐵剛

當世浩邀我為《秦始皇》一書作序，我的腦子立刻浮現不久前遇見雷俊玲（前輔仁大學西洋史教授）的情景。我問她退休後有沒有兼點課？她說沒有，只是在家寫寫毛筆字，到臺灣大學旁聽幾門課。話峰一轉，她說呂世浩的《史記》講得真精采，有先睹為快的心理，所以就沒有推辭寫序的重任。當我一邊看這本書，一邊心生佩服，世浩真能講課，雷教授的稱許，實不我欺。

課講得好不好，不只是口才的問題，不因口才便給就能把課講得好。課講得好，需具備三要素：真才、實學和見識。在這裡我舉出一例，就可以看出世浩的才、學、識。世浩把我們中國文化特有的姓、氏、名、字的制度和中國歷史上的三次巨變接軌，中國歷史上的三次巨變反映在「姓、氏、名、字」上的變動。第一次巨變是從仰韶時代到龍山時代。第一次巨變之後，血緣貴族脫穎而出，建立了一套姓氏制度。第二次巨變是從春秋戰國到秦漢時代，禮壞樂崩，象徵地緣的「氏」比象徵血緣的「姓」來得更重要，「氏」就取代了「姓」，以「氏」為「姓」，「姓」就逐漸式微。第三次巨變是從鴉片戰爭至今。行之二千多年的「名、字」制度也遭受破壞，如今大都只有「名」，而無「字」了。這講得多麼精采，令人擊掌！全書之中珠璣處處，這只是其中一例。其他的珠璣有待讀者去拾取。

這本書是世浩在臺大上課的講稿整理而成的書。世浩對上課的學生說：「這門歷史課跟你們過去上歷史課的方法很不一樣。」看過這書後，證實他這話一點也不假。他講歷史課的方式，真是別開生面，與眾不同。上課時，他不斷向聽講者發問，要聽講者不斷進行思考。他講課一方面像剝洋蔥，一片一片剝開，而直探問題的核心；一方面像偵探，一點一點搜集證據，而找出事情的真相，引人入勝。讀這本書也產生同樣的感覺。

俗話說「給你一籃子魚，不如教人釣魚」。這本書除了評述秦始皇一生之外，還讓讀者認識中國傳統史學的特質，還教讀者怎麼樣閱讀中國史書，而且做了示範。這就是給讀者一籃子魚之外，還教讀者怎麼樣閱讀中國古代史書。只要閱讀這本書，就像進入寶山一樣，絕不會空手而歸。因此，鄭重推薦這本書，希望讀者從中得到啟發，增長智慧。是為序。

推薦序——

一堂深具啟發的歷史思辨課

【臺大學術副校長・臺大MOOC總主持人】陳良基

隨著資訊科技的日新月異，網路已經走入了現代社會的每一個角落，更在教育領域中扮演著前所未有的重要角色。網路教育不僅有著比過去傳統教育更為強大的傳播力，更難得的是它對學生本身經濟或社會的要求也相對更低。如今任何一個有心想學習的人，不論年齡、國籍、身分，都有可能透過網路接受第一流的大學教育，在歷史上我們第一次有這樣的機會，讓教育更加的公平。

二〇一二年四月由美國史丹福大學的兩位教授創建了Coursera平台，積極推動新一代的世界大學網路課程。此種免費提供全世界學習的線上課程被稱為MOOC（Massive Online Open Course），已成為國外學生線上學習的主流。

為確保課程品質，目前Coursera僅以個別邀請的方式邀請世界頂尖大學加入，各校均以質精量少的方式推出精品課程，做為一流教學的展示櫥窗。臺灣大學在二〇一三年二月獲邀加入，並在二〇一三年八月同時推出世界最早的華語MOOC課程：「機率」與「中國古代歷史與人物——秦始皇」，成為領先全球的創舉。

「中國古代歷史與人物——秦始皇」課程，是由本校歷史學系的呂世浩老師受校方邀請所開設的人文通識MOOC課程。開課之初便在網路上引起很大的正面迴響，修課人數多達四萬人。這門歷史課程有別於過去強調記憶的教學方式，透過精細地設計，層層地拋出問題，讓學生不由自主地想得更深。因此有上課的同學，在接受媒體訪問時表示：「這是第一次意識到歷史是這麼有用！」更有同學在網路上稱讚為「必須承認，這是來自臺灣大學的一場歷史的盛宴」。

近日Coursera統計全世界最受大陸學生歡迎的華語課程，前四名全由臺灣大學囊括，其中便包括了呂世浩老師所講授的「中國古代歷史與人物——秦始皇」與「史記」，這是對於臺大在網路教育上努力的肯定。而現在呂世浩老師願意將這門深受歡迎的網路課程，寫成通俗易讀的歷史入門書呈現給讀者，這和本校長期以來積極推動優質全人教育的構想是一致的。呂老師博學多聞，被學生推崇為擁有強悍的口才和分析故事的能力，這本書的精采度自不在話下，閱讀這本《秦始皇：一場歷史的思辨之旅》就像是享受一場歷史的盛宴，感動源源不絕！

唐太宗說：「以銅為鏡，可以正衣冠。以古為鏡，可以知興替。以人為鏡，可以明得失。」透過呂老師的生動引導，我們得以深入理解秦始皇這個在歷史上備受爭議的人物，他一生的成功與失敗何在？並且靜下心來思考，我們該如何順應這個瞬息萬變的時代，開創屬於自己的未來，相信將可帶給讀者更多的啟發！

推薦序——

從秦始皇帝到奉元復性：一位管理學者的思辨

【美國維吉尼亞大學講座教授．國際管理學會終身院士暨前主席】陳明哲

世浩是我的「奉元」同門，但我們在書院讀書的時間前後相差二十多年，本應無緣相識，卻在近兩年因　先師愛新覺羅毓鋆而結緣。書院三十年前名為「天德黌舍」，後來改為「奉元書院」，其宗旨以「以夏學奧質，尋拯世真文」為核心。

我與世浩的專業迥然不同，他是歷史考古學者，個人則鑽研企業管理，個性加上專業訓練，個人向來謹守學科分際，不敢輕易逾越自身專業而提出評論；此次世浩盛情邀約，首次破例。一來是世浩學養俱佳，才華橫溢，更有憂世濟民之心；再者，此書打破傳統歷史的框架，文章鋪陳與擴展方法都讓人讀來沒有距離感，加上本書宗旨，亦與個人在管理教學、研究和平日所思、所行

若合符節，對我自己有很大的觸動與啟發。因此，恭敬不如從命，謹為文寫序推薦，也藉此介紹文章特色給各位讀者。

「原始察終，反求諸己」。本書將歷史人物以接近管理學「案例研究」的方式進行論述分析，以秦始皇為主軸，探討了環繞秦始皇身邊的人物及具體事例，以一個個「小案例」的方式，進行主客觀分析，不但分析人物的性情，亦剖析當下的歷史條件與局勢，以及人物的策略、思考與抉擇，最後再探究其是非成敗的道理，細細讀來，令人有所思、有所得。

有別於坊間歷史書籍，本書採用少見的雙向互動模式，不僅透過多個案例故事拉近讀者與過往歷史的距離，同時還利用「換位思考」連結讀者與書中人物的關係，這對啟發普羅大眾，乃至於管理階層的思辨能力都有莫大幫助。例如書中談及張良得黃石公兵書的故事，流傳千古仍發人深省，本書巧妙結合中華文化的思想內涵來詮釋史記，告訴讀者「忍」與「先」不僅是張良從黃石公的無言身教所學到的受用心法，也是張良後來協助劉邦得到天下的智慧泉源。

「見盛觀衰、慎思明辨」。本書以史證經、以經論史的角度，貫穿了人物的時代精神，在分析不同歷史人物想法的過程中，以「思辨」方式啟發讀者進行大是大非的思考訓練，透過以人物為中心的史記，著眼於任何人物在歷史上的影響，讓讀者在歷史事件的激盪中，明白每一個歷史人物身處錯綜時局時，所展現的思慮與謀略。

從本書中，讀者可從多元角度來培養「因人而異」、「見仁見智」的思辨能力，進而建立具個人見解的思維觀點，而非只是依循傳統、墨守成規，只求「標準答案」的思考邏輯。

「春秋重人、大易通變」。本書具有深刻的人性關懷，延續春秋精神與易經窮變通久的思想。作者懷著憂時濟世的人文關懷精神，提出歷史的三次巨變，第一次是從仰韶時代到龍山時代，第二次巨變是春秋戰國到秦漢時代，第三次巨變則是鴉片戰爭到今天。

作者藉由深入探討第二次巨變，分析秦漢英雄人物面對時代變革的胸襟與處世精神。並以積極正向的態度，鼓勵正處在第三次巨變的我們，從歷史脈絡中汲取明哲保身與經世致用的智慧，培養全方位應變能力，中華文化不講求末日觀，而我們也沒有悲觀的權利，未來歷史的發展完全在我們起心動念之間，面對第三次巨變中價值觀混亂、人心浮動、社會對立增加的情形，我們只有一肩承擔起歷史責任，深刻思考人心所向，找到解決天下人問題的方式，才能開創人類文明盛世的新視野。

「**感動（化）人心，奉元復性**」。本書提出了歷史的三個功用「啟發智慧」、「審時度勢」、「感動人心」，隱含在這三個功用中，還有第四、第五……歷史的功用，其中包括「反求諸己」、「明辨是非」到「奉元復性」。從個人的角度來說，反求諸己的自省功夫，不僅讓讀者發思古之幽情，更發揮了「古為今用」之效，以古人思想來啟發後人智慧；培養明辨是非與撥亂反正的能力，一掃我們心中的迷茫，重顯人類共同價值的澄明。

奉元復性則是回到人類的根本——「人性」。歷史是「人心人性」的組合，從「人心人性」來瞭解歷史是最直接、最務本的方式，也唯有回歸到「人心人性」才能掌握歷史脈動與規律。歷史本有其規律，在此規律面前，唯有秉持謙卑、自省、警惕的恭敬心，方能發掘歷史長流中的「真」與「性」。

對於目前身處高科技網路時代的青年，容易抱持追求時尚、只重當下，去歷史化、流於片面或單向思維，以及自以為是的心態來說，更是一記當頭棒喝。回顧歷史是要讓我們以古鑑今、擁有超越自我格局的遠見，以及帶領社會前往光明方向的改變力，回應本書提出在這「格局未定」第三次巨變的當下，此時此刻，我們更需敞開視野與胸懷，順應人性與良知，回歸中華文化「夏學」的源頭，使華夏文化能對全人類做出和平貢獻。

推薦序——

振聾發聵呂夫子！

【臺大MOOC執行長．臺大電機系副教授】葉丙成

上個月，全球最大、最重要的線上課程網站Coursera，統計最受華語世界學生歡迎、最多人修習的十門課。結果出爐後，創辦人Andrew Ng教授特別寫信跟我恭喜，因為前四名的課程全都由我們臺大MOOC囊括！這四門課分別是世浩的「中國古代歷史與人物——秦始皇」、我的「機率」、歐麗娟老師的「紅樓夢」、和世浩的「史記」。四門課中，世浩便獨佔兩門。其中秦始皇課程更是破紀錄的有超過四萬餘人登記修習！在「史記」課程推出後，好幾位不同地方的學生，在網路上不約而同的述說他們看完第一集影片後「熱淚盈眶」的激動心情。

究竟是什麼樣的老師，竟能有此魅力？光靠網路影片講課，便能讓人

「熱淚盈眶」？

初識世浩，約莫就是兩年前此時。當時我在PTT看到某位臺大同學發文問大家：「請問哪位老師的課，是念臺大四年沒修到會覺得很遺憾的？」身為臺大教學發展中心的主管，這個問題引起了我的興趣。我仔細的看了文章下面數百篇的推文。其中「呂世浩」這個名字，一直不斷的出現在推文中，是最多人推的老師。臺大學生們在PTT上說他的課是：

- 真的能對自己未來有所影響的一門好課
- 臺大最值得期待的一門通識之一
- 每次上課都有當頭棒喝之感，收穫良多
- 臺大最有價值的一門課

……

要知道在臺大教書，能讓臺大學生心服口服，是很不容易的，遑論讓學生們由衷感動的寫出上面的評語。我當下不禁狐疑，這「呂世浩」究竟是什麼人物？怎麼從來都沒聽過，卻又有這麼多學生推薦？我趕緊到網路上查，才發現他是臺大前一年的新聘老師。這更讓我驚訝了！到校才一年，居然就有這麼多學生的推薦？這傢伙真的很不簡單啊！我下定決心，一定要邀請到他，來跟我們每年新聘的七八十位新進教師們分享他的教學歷程。於是馬上跟世浩聯絡，請他為我們演講。這便是我倆結緣的開始。

還記得那次世浩在對新進教師演講時，我真的開了眼界。通常在看別人演講時，會讓我震撼、服氣的人不多。但是看到世浩的演講，我真的服了！他的演講充滿了熱情，言語充滿了力量，真的振聾發聵！在演講的數月後，我被學校指派擔任臺大MOOC執行長，負責製作Coursera課程。在思索臺大Coursera的開課人選時，第一個浮現我腦海裡的人，便是世浩！

為什麼找世浩呢？除了他動人的演講魅力外，我很深刻的感受到世浩對歷史教育，有著極高的熱誠與使命感。世浩曾跟我說過，歷史，在古代是歷代王侯將相的最佳案例分析教材。其角色就好像今日管理學院的Case Study教材一樣。古人念歷史，是將史書的某事件看到一半後放下，開始假想自己是那事件中的帝王或臣子，針對該事件做周延的思考並決策。接著再續看史書，看看那事件的主人翁後來所做的決策，與我是否相同？他們的成敗又如何？根據史書中該事件的成敗，個人再來檢討自己思考是否周延？自己決策是否如主人翁般的明智（或愚蠢）？藉由讀史書不斷做模擬決策的過程，個人可以不斷的增進處世、決策的智慧。在世浩的心中，歷史實在是老祖宗留給我們的寶藏！

可是最讓世浩痛心的，是當今歷史教育多偏重記憶、背誦的教學法。這樣的教法，讓很多學子因而對歷史失去了興趣。明明是老祖宗留給我們增進智慧的寶藏，卻因為教法的問題而被學子所棄，這叫我們如何不痛心？世浩一直以來的志業，便是希望改變當今的歷史教育方式，讓歷史成為啟發、增長後人智慧的重要教材。這樣的宏願，讓我非常感佩。也因為這樣，在我們要邀請臺大教授來製作Coursera課程時，我第一個想到的便是世浩。

經過數個月、數百小時的辛苦製作後，在二〇一三年八月三十一號，世浩的「中國古代歷史與人物——秦始皇」和我的「機率」終於同步在Coursera上線。這也是全世界第一次有華語的MOOC課程上線。課程一推出便獲得極大的迴響，臺大MOOC也因此成為華語世界中的一流課程品牌。接著世浩所製作的史記系列課程，亦在Coursera推出。推出後廣受兩岸三地學生的熱烈歡迎。臺大MOOC的成功，世浩真的居功厥偉！

在結束了「中國古代歷史與人物——秦始皇」的課程後，世浩開始以文字的方式，將課程相關內容寫成了這本書。線上課程的影片固然精采，但文字卻是更為雋永。不管是修過線上課程與否的朋友，您都能從此書得到許多啟發。見此書如見呂夫子當面說史，精采無比！

身為一個對教育充滿熱誠的工作者，我何其有幸能與世浩結緣，一同在當今數位學習、MOOC的浪潮下創造歷史性的教育變革。我相信只要繼續努力，有一天世浩的宏願必能實現，讓世人重新認識歷史的真正價值：

「歷史是增進我們處世、決策智慧的寶藏」！

在閱讀這本書之前想對各位說的話

「中國古代歷史與人物——秦始皇」是在MOOC（Massive Open Online Course，大規模網路免費公開課程）上的全球第一門中文文史課程，也是針對非文史專業的同學而設計的通識入門課程。而這本書是希望將這門課程的許多內容，藉由文字的形式呈現給各位讀者。因此在開始閱讀前，必須說明這本書的理念和特別之處。

過去我們所上的許多歷史課程，內容通常是教授大量的歷史知識，課程的重點在於對歷史知識的熟悉程度。但相對地，卻往往不重視這些知識和自己的生命有何關聯？學習這些東西，到底對我們有什麼用？這種上歷史課的方式，其結果便是重記憶而輕思辨，所以大家也不願意去思考，只想記下標準答案就好了。但歷史學真正了不起的地方，正在於「思辨」。強調記憶而忽視思辨，這不但是買櫝還珠，更是莫大的遺憾。

教育，應該是讓人成為知識的「主人」，而不是知識的「奴僕」。

歷史學的本質，就是研究「時」和「變」。時間不斷流逝，世界剎剎更新，上一刻正確的事，未必能適用於下一刻；別人用來正確的方法，卻未必適用於您。所有的知識，都將隨時而變；只有能夠運用知識的思辨和智慧，才是上天賦予人類最寶貴的資產。

這本書的目的，就是希望打破歷史思維有「標準答案」這種想法，希望大家在讀過這本書後，都能打破思想的框框，解放各位的思辨能力。在書中，我會藉由一個又一個的歷史案例，來向各位示範學習歷史可以如何思維。但希望閱讀這本書的朋友一定要記得，不要把作者的答案當成是「標準答案」。人文學的本質是思辨，思辨有「好」和「更好」的答案，但根本沒有「標準答案」。

這本書是一門通俗而入門的歷史書，因此我將避免繁瑣的史料考證，由《史記》中的秦始皇故事出發，向各位說明歷史學的有趣和迷人之處，以及和各位一起探討學習歷史究竟對我們的生命可能有什麼樣的用處。

感謝各位讀完這些話，也請各位用接下來的內容，來驗證這本書是否能達成這樣的目標。

呂世浩　敬上

目錄

前言——

我們為什麼要學歷史？

學歷史到底有什麼用？

二十多年前，當大學聯考放榜之後，許多長輩朋友都會問我：

「你考上哪裡？」

當我回答「臺大」後，所有人的反應幾乎如出一轍的驚喜：「哇」！

接著回答「歷史」後，所有人的反應幾乎如出一轍的失望：「喔」。

從他們的反應，可以清楚地看出社會大眾對於學歷史前景的看法。

從那一天起，也常聽到許多朋友終

●臺大文學院

於忍不住問我：「學歷史到底有什麼用？」

是啊，在這個時代，學歷史到底有什麼用呢？

希望正在讀這本書的你，能夠認真問自己這個問題，不要猶疑也不要迴避：

學歷史對你而言，究竟是有用還是無用？

如果無用，為什麼我們從小就要學歷史？

如果有用，請明確地說出來用處是什麼？

這個問題，讓我足足思考了二十多年。這本書就是身為歷史人的我，針對許多非文史專業的朋友所呈現的答案。

不是歷史沒有用，是我們學習歷史的方式出了問題

近代以前，無論在中國或是西方，大多數受過高等教育的人都覺得學歷史很有用，甚至視為培養各種領袖人才的必要教育。

可是到了現代，忽然之間，有許多人都覺得學歷史沒有用，即使受

工業革命初期的工廠（阿道夫・馮・門采爾繪）

過高等教育的人也說不出學歷史的實際用處何在。

為什麼對於學歷史有沒有用，過去和現在的認知會有這麼大的差距呢？

難道是古人實在太笨，誤把沒有用的東西當成是有用？還是現代人的智力忽然有了數十上百倍的增長，比古人要有智慧得太多？事實上，歷史學還是歷史學，只是我們學習歷史的方式出了問題。

現代的學校教育，基本上是一種時代的產物，是為了因應工業革命以後，填補各種專業人力的需求而設計出的教育。換句話說，現代教育是一種專門用來培養工匠的教育，至於人文教育的本質——人怎樣才能活得像個人，基本上不是關心的重點。

在這種工匠教育的影響下，歷史教育也受到了極大的改變。短期、大量的灌輸式記憶成了現代歷史教育的面容，從小學到中學甚至大學，我們人人都接受了十分漫長的歷史教育，花費了無數時間背誦年代、人名、地名、事件，但卻往往不明白，除了應付考試外，這到底是為了什麼？

長此以往，年輕人普遍對歷史學失去興趣，更不知學習歷史的作用何在。最糟糕的是，我們的教育生產了大量的專業工匠，但卻很難培養出宏觀的領袖人才。其弊害之深，遠超想像。

古人如何學歷史？

事實上，古人不是這麼學歷史的。

宋代著名的史學家呂祖謙，就說過如何讀歷史的方法：

人二三十年讀聖人書，一旦遇事，便與里巷人無異，只緣讀書不作有用看故也。何取？觀史如身在其中，見事之利害，時而禍患，必掩卷自思，使我遇此等事，當作何處之。如此觀史，學問亦可以進，智識亦可以高，方為有益。

「里巷人」就是現在網路上所說的「鄉民」，如果讀了幾十年的書，碰到事情除了跟鄉民們一樣湊熱鬧，發表一點個人的感想外，卻對於如何解決事情，一點方法也沒有，那讀書有什麼用？如果讀了這麼多歷史，自己卻在應付現實事情時，半點幫助都沒有，那學歷史有什麼用呢？各位對此難道沒有疑惑嗎？

怎麼讀歷史才能有用呢？

當你讀一本歷史書，讀到書中的古人面臨重要的抉擇關頭時，請你這時立刻把書蓋上。

好好想一想，如果你身處對方的位置時，你會如何決定？作什麼樣的決定？把一切都想清楚後，再把書打開，看看這個人物

呂祖謙像

是怎麼做的，他最後作了什麼樣的決定？他的決定帶來的是成功或是失敗？原因何在？然後比較自己與古人，在選擇和方法上有何異同之處？

這種學習歷史的方法，重視的不是「記憶」，而是「思辨」。

像呂祖謙這樣學歷史，每個人都可以透過一件又一件史事的鍛鍊，一位又一位人物的分析，來一步步鍛鍊自己的思辨。最後不僅歷史知識會有所增長，連處世智慧也會不斷提高。

事實上不只呂祖謙這麼讀歷史，清代的名臣左宗棠也是這樣讀歷史的，他說：

> 讀書時，須細看古人處一事，接一物，是如何思量？如何氣象？及自己處事接物時，又細心將古人比擬。設若古人當此，其措置之法，當是如何？我自己任性為之，又當如何？然後自己過錯始見，古人道理始出。斷不可以古人之書，與自己處事接物為兩事。

左宗棠比呂祖謙更進一步，他不但要讀史者「設身處地」的思索古人為何這麼選擇？還要我們當自己面臨現實中的抉擇時，去設想如果是你學的那位古人處在這個環境下，他會如何作出決定？

歷史學所以在古代如此被重視，絕對不僅僅是為了「陶冶人文情懷」、「豐富人文素養」而已。古人重視歷史，是因為歷史有很強烈的實用性——它教導人們如何從前人發生的無數案例中分析事情，了解成功和失敗的道理。這也就是太史公所說的，讀史是為了「原始察終，見盛觀衰」（太史公自序）、「考之行事，稽其成敗興壞之理」（報任少卿書）。

如果你讀完了一本書後，書還是書，你還是你，沒有任何改變，你就等於沒讀過這本書。讀書最重要的，就是要拿書中的道理和自己的生命歷程不斷相互印證，不斷地去思索如何運用前人的智慧在自己的生活中，最後將書上的道理與自己的生命融合為一，讓古人的智慧為己所用。

這樣讀書、這樣學歷史，才是真正有用的方法，歷史學也才能成為一門真正有用的學問。

什麼是「思辨」？

真正的歷史教育應該重視「思辨」，但什麼是「思辨」呢？在這裡，我舉個大家熟知的例子來說明。相信各位在中學課本裡都讀過《木蘭詩》這篇詩歌，詩歌的一開頭是這樣說的：

唧唧復唧唧，木蘭當戶織。

請問各位，「唧唧」是什麼聲音？

按過去在課堂上的經驗，絕大多數的人都會立刻回答我：「唧唧是織布機的聲音」。為什麼呢？因為課本的標準答案是這樣寫的。

如果你也是這麼想的，那麼你可能在「思辨」上還需要更努力一點。因為真正的答案，作者其實已經寫在接下來的兩句裡：

不聞機杼聲，唯聞女嘆息。

作者清楚地說出，這時只聽見嘆息的聲音，因此「唧唧」是嘆息聲。不願面對這樣的答案嗎？歷史學講求「孤證不立」，我們可以舉出更多的例證來證明這一點。

「唧唧」一詞，也出現在白居易的《琵琶行》中：

我聞琵琶已嘆息，又聞此語重唧唧。

前句是「已嘆息」，後句是「重唧唧」，可見白居易也以「唧唧」為嘆息聲。試想，如果「唧唧」是織布機的聲音，難道白居易是先聽了琵琶樂聲後嘆了口氣，然後聽了女子講話後就開始當場織布嗎？

當然，或許各位不服氣，《琵琶行》是唐朝的詩，《木蘭詩》是南北朝的作品，兩者可以這樣互證嗎？

說得有理，那麼我們就來看看「唧唧」在南北朝的時候，到底是什麼意思？

1 南朝梁施榮泰《王昭君》詩：「唧唧撫心歎」。
2 北魏楊衒之《洛陽伽藍記》：「高樹出雲，咸皆唧唧」。
3 北魏《元舉墓誌銘》：「履朝獨步，倫華非匹。一見唧唧，宋朝更生」。
這些都是唐前文字，所有的「唧唧」都是指嘆息之意，可以證明當時人確以「唧唧」為嘆息聲。

事實上，將「唧唧」當作織布機的聲音，這樣的解釋除了中學課本外，在古籍中似乎找不到任何例證（如果你能找到，歡迎提供）。因此不管你認為「唧唧」聽起來多麼像織布機的聲音，這都是一種沒有根據的說法，是不能成立的。

會產生這樣的誤會，是因為中古時的語音和今日有很大的差別。而在古代，織布機也不是發出「唧唧」聲，而是「札札」聲。《古詩十九首》有「札札弄機杼」，白居易《繚綾——念女工之勞也》有「絲細繰多女手疼，札札千聲不盈尺」，都足以為證。

希望各位千萬不要誤會，以上的討論並不是在考驗大家的國文程度，而是想點出一個可怕的事實：

明明問題的答案就在下面兩句，明明作者已經說得這麼清楚，為什麼我們過去卻毫不質疑課本的答案，完全放棄了自己的思辨能力？

無論你讀了再多的書，記得再多的標準答案，得到了再好的成績，如果這一切要拿你寶貴的思辨能力去交換，都是不值得的。因為，思辨是一切智慧的開始。

讀書，是為了做知識的主人，不是為了做知識的奴僕。

學習歷史的第一個功用

回到一開始的問題，學習歷史到底有什麼用處呢？我個人認為學習歷史一共有三個功用，而第一個功用是「啟發智慧」。

我先說個故事給各位聽，在古代有一對兄弟，都是小孩子，兄弟倆非常聰明。有一次他們的私塾老師有事進城，要中午才回來。為了怕他不在的時候，兄弟倆會偷跑出去玩，於是規定功課，要兩人背書，回來後考試。

要背什麼書呢？老師手邊有的書，兄弟倆都已背過；手邊沒有的書，自然也沒辦法叫他們背。於是老師靈機一動，黃曆上不是有「初一宜某某、忌某某」、「初二宜某某、忌某某」……嗎？就叫他們背黃曆吧！

果然，知徒莫若師。老師前腳一走，這對兄弟後腳就跑出去玩了。很快地，中午就到了，哥哥看老師快回來了，連忙回私塾開始翻黃曆。他才剛看完一遍，老師就回來了，這時弟弟才姍姍來遲。

老師就開始考他們兄弟功課了，先問哥哥，哥哥就開始背「初一宜某某、忌某某」、「初二宜某某、忌某某」……真是滾瓜爛熟，一字不差。原來哥哥過目不忘，居然只是看一遍就記下內容了！

哥哥背了快一半，老師很滿意，就換成考弟弟。各位這時會想：「弟弟完全沒看書，這下他糟了吧！」錯了，弟弟一樣從頭背「初一宜某某、忌某某」、「初二宜某某、忌某某」……一樣滾瓜爛熟，一字不差！

可是弟弟背到中間，突然停了下來。老師很奇怪，問他為何不背了，弟弟說：「剛剛哥哥就只背到這裡。」原來這弟弟比哥哥還厲害，他只在旁邊聽一遍就記下來了！

這對兄弟如此聰明，各位知道他們兩個是誰嗎？

答案是：我也不知道。

大家不要笑，講這個故事的目的，是要問各位：「聰明有用嗎？」

聰、明、有、用、嗎？

這對兄弟的天資，絕對勝過我們十倍。但他們在歷史上，卻沒有留下姓名。各位就可以知道，聰明如果不能提煉成智慧，是半點用也沒有的。

那麼聰明要如何提煉成智慧呢？

最好的方法，是接近有智慧的人。但能不能遇見有智慧的人，他願不願和你交友，能認識到多深，這都是不能掌握的事。

最簡單的方法，就是讀有智慧的書。因為有智慧的書就在那裡，它不會跑。

讀書的目的，就是為了用古人的智慧，來啟發我們的智慧。

打個比方，歷史就是磨刀石，它最大的功用就是用來磨利我們腦子中名叫智慧的那把刀。磨刀石不能幫助我們披荊斬棘，只有刀才可以。光是記憶歷史是沒有用的，只有從歷史中學到智慧才是有用的。

如果以為光是記住古代的歷史，就能解決今日的問題，那就好像拿著磨刀石去切東西，自然問題百出。這不是磨刀石沒有用，是我們的用法錯了。為什麼讀歷史沒有用，因為你本來就不是以「有用」的方法來讀歷史。書有古今，智慧沒有古今。如果想讓自己的智慧更加的充實而銳利，那麼學習歷史是最快最簡單的捷徑。

歷史是總結了在你過去的幾千年中，上自帝王將相，下到販夫走卒，各種各樣的人與事。如果不能從歷史中磨練智慧，我們所讀的古人古事都早已逝去腐朽，他們連骨頭都爛成灰了，光是背誦他的事蹟又有何用？他們的智慧，才是我們應該活用的寶貴資產。

至於學習歷史的第二個和第三個功用呢？我將會在這本書後面的部分，一一向各位說明。

第一章——我們活在一個什麼樣的時代？

學生要學什麼？

想要學習「思辨」，第一步應該從問問題開始。

當然，各位可能會問我：「我幼稚園就會問問題了，這種東西還需要現在學嗎？」

說得也沒錯，如果只是問問題，大家從小都會。但是要問一個「對」的問題，問一個「好」的問題，那就不容易了。

有好的問題，未必能有好的答案。

有的問題，根本是無解的。有的問題，不是你這一輩子就能找到答案的。有的問題，目前人類的文明發展還不足以解答，千百年以後說不定文明發展夠了，就能解答這個問題。

但是沒有好的問題，就永遠不會得到好的答案。

因此學習任何東西，都應該從問好的問題開始。

「思辨」二字，來自於《中庸》裡我非常喜歡的一段話：

博學之，審問之，慎思之，明辨之，篤行之。

有弗學，學之弗能弗措也。有弗問，問之弗知弗措也。

有弗思，思之弗得弗措也。有弗辨，辨之弗明弗措也。

有弗行，行之弗篤弗措也。

人一能之，己百之。人十能之，己千之。

果能此道矣，雖愚必明，雖柔必強。

在「學」之後，「思」、「辨」之前，必要先學會「問」。「問」不是亂問，而是「審問」，這一切都要下工夫。

歷史學是一門思辨的學問，因此本書也要從問問題開始。

我問各位的第一個問題就是：

大家都當過學生，請問學生到底要學什麼？

在上這門課之前，相信各位都已經當過至少十幾年的學生。但試問當了這麼久的學生，可曾想過「學生」的目的到底在學什麼？若不曾想過，那這麼多的光陰不就白費了嗎？

做任何一件事情，必要清楚自己想要達到什麼樣的目的。目的不一定是名利，即使幫助了人，即使提升了自己，也都是具體的目的。

我在上課時，常跟臺大的同學們說，讀一本書要得到一本書的益處，上一門課要得到一門課的益處，如果同學們上一門課卻得不到任何益處，那還不如回家睡覺，既節能又減碳還兼環保。

聽見前面的問題，臺大的同學們通常會回答：「學習知識」、「學習技能」、「學習人生的態度」……這些答案嚴格上來說都沒有錯，只是不夠精煉。因為每個人都有思想的自由。既然有思想的自由，就不能說是對與錯，只能說是好與壞、精與粗而已。

在這裡，我提供一個答案給各位做個參考：

「學生」的目的，就在於學「生」。

學生，學生，不學「生」，難道你要學死嗎？

所有知識、技術乃至於人生態度，都是為了「生」而服務的。這正是祖先把「學生」叫做「學生」的原因，用這兩個字正是為了讓後人知道，「學」的目的就是為了「生」。

中國的學問與西方的學問不同，西方學問講求方法，中國學問講求工夫。講方法就要重取徑，所以現代學術論文的第一節，必然是研究目的與研究取徑，因為這是西方知識體系的產物。講工夫就要重「層次」，因此想讀懂中國書，就必須將其內容一個層次、一個層次地來進行剖析。

以此為例，學「生」的層次是什麼呢？

第一步就是如何讓自己活下去。每個人遭逢的時代都不一樣，學習知識、技能，正是為了讓自己在面對不同環境時能夠活下去。活下去只是最低的要求，更進一步就要讓自己活得好，最後能活出你衷心所願的人生。

此外，人是群體的動物，身邊必有所愛。自己活得好，還要讓身邊所愛、所關心的人都能活下去、活得好。如果你的能力充足，再擴大到親戚、擴大到鄉里、擴大到國家、擴大到全人類，讓大家都能活得好。人的成就，正決定於此。但無論是哪一個層次，終歸一個字就是「生」。

學習歷史，就是要用古人的智慧來啟發自己的智慧，將古人的智慧活用在自己生存的時代，將自己的生命歷程與書中的智慧不斷相互印證。這才是真正的學歷史，真正的學「生」。

我們活在一個什麼樣的時代？

做為學生，第一個問題是學生的目的。那麼做為一本學習歷史的入門書，第一個問題該問什麼呢？

學習歷史的第一個問題，應該問自己：

我，究竟活在一個什麼樣的時代之中？

學習歷史，是為了幫助自己用更加宏觀的視野來看待問題。如果連我們活在一個什麼樣的時代之中都不知道，那麼歷史就白學了。

恭喜各位，我們這一代何其幸運又何其不幸地，活在中國歷史上的第三次巨變之中。

歷史的本質就是「變」，時間好似一條長河，時時變易，剎剎生新。但

「變」並不是只有一種，在時間的洪流中，有小變、大變，當然也曾經出現翻天覆地的「巨變」。巨變不僅是政治上的改變，而是包括政治、經濟、文化、制度、社會、階級等等，全部推翻重來，這就叫做「巨變」。

活在巨變時代的人們，往往具有一種共同的特徵，那就是價值觀的混亂與迷茫。這是因為舊的文化已被推倒，新的文化又尚未穩固。在新舊交替之間，各式各樣的思想都會出現，人們不知何所適從，對於什麼是正確的？什麼是不正確的？似乎沒有定論，這就是巨變的最大特徵。

或許有人會說：「不會啊，我覺得我活得很堅定，人生一點也不迷茫。」有這種想法當然很好，但在此我想問一個簡單的問題，幫助大家思考：

請問各位，「人應不應該節儉？」

我想大部分的人聽見這個問題，都會回答「應該」吧！

從小不管是家庭教育、學校教育或是宗教道德，都告訴我們「奢侈是罪惡，節儉是美德」、「人想要的很多，但其實需要的很少」、「奢侈浪費會造成地球資源匱乏和環境破壞」……等等，而有更多歷朝歷代的聖賢也告誡我們「節儉才能讓社會安寧沒有紛爭」，這似乎已是定論。

但再試問，如果今日人人節儉，會造成什麼樣的後果？

人人節儉會造成消費銳減，消費銳減會造成經濟衰退，經濟衰退會造成工廠與公司陸續關門倒閉，工廠與公司倒閉會造成人人失業，人人失業會造成國家經濟破產。

請問，為什麼我們實踐了節儉的美德，卻帶來如此悲慘的結果？

因為這是一個工商業的社會，其型態本來就是利用消費來刺激經濟。電視、報紙、網路上的廣告，無時無刻不在挑逗你的欲望，引誘你不斷進行消費。最好你能在這個月花下個月的錢來消費，於是有了信用卡；最好你能預支未來的收入進行消費，於是有了分期付款。這是一種全新的生活方式。

我們口口聲聲說應該發揚節儉的美德，但更多時候實際的生活卻與此背道而馳。有人從不思考這個問題，因此不覺得有何不對。但如果你認真思考，難道不覺得矛盾和困惑嗎？

不僅只有節儉這個問題是如此，在這個時代有無數的問題都是如此。不是只有我們如此，在兩千多年前的第二次巨變的時代，當時也有無數的人為了究竟應該法先王或是法後王，而感到困惑與迷茫。因為價值觀混亂而迷茫的時代，就是如此。

指出這一點，是為了讓今日的年輕朋友們明白，不安、迷茫和困惑都不是你們的錯。是因為你們剛好生在這樣的時代，一個各種思潮不斷激盪、新的問題不斷產生、更有著許許多多不知從何而來的挑戰的時代。

混亂而迷茫，固然是生長在巨變時代人們的不幸。但相對地，我們也有著無比的幸運。

那就是這個時代任何道路都有可能，一切都未成定局，都還可以改變。用最簡單的話來說，這是個「格局未定」的時代。

滄海橫流，方顯英雄本色。「格局未定」的時代，正是聖賢英雄施展長才最好的機會。

第三次巨變

在中國漫長的文明史上，巨變也是很少見的。

就我所知，這樣的巨變一共有三次。

哪三次呢？第一次巨變是從仰韶時代到龍山時代，第二次巨變是從春秋戰國到秦漢時代，第三次巨變是從鴉片戰爭到今天，而且這次巨變尚未結束。

第一次巨變發生在史前時期，因此沒有太多的文獻記載，大部分的證據都是靠考古得知的。從考古學的發現來看，在仰韶時代，農業、畜牧、服飾、房屋都已經成熟，人類基本的物質生活已有保障；音樂、舞蹈、繪畫也都已經出現，精神生活也不虞匱乏。更重要的是，那是一個相較於後世更為太平祥和的時代。

在那個時代，人與人之間基本上十分平等。從出土的墓葬中可以得知，聚落內部貧富差距並不大，頂多這個墓多兩件陪葬的陶器，那個墓少兩件陪葬的陶器。聚落與聚落之間，有規模大小的不同，但並沒有戰爭的痕跡。

但到了龍山時代，中國各地忽然興起了築城運動，聚落間的戰爭跡象到處都是。而聚落內部的貧富差距也極速擴大，有的墓規模宏大，陶器、玉器、漆器塞滿整個墓穴，甚至還有殉葬者出現；有些墓則簡陋狹小，找不到多少陪葬品。聚落與聚落的層級分化也開始出現，中心聚落越來越大，中小聚落被不斷壓榨。不論是聚落內外，上層剝削下層的體制開始出現，這就是第一次巨變。

在第一次巨變之後，脫穎而出的是一批叫做「血緣貴族」的人，他們建立了一個以血緣宗法進行統治的新時代。這個時代長達近兩千年之久，貴族們憑藉著自己神聖不可侵犯的血緣，掌握了所有政治、經濟資源乃至於這個時代最高等的知識和技術。儒家典籍中所傳頌的夏商周三代，便是這樣的時代。

在那個時代，血緣可以決定一切。所謂的「封建宗法秩序」，就是一個人的政治和社會地位，在生下來的那一刻就已經被決定了。

在正常情況下，庶子無論如何賢明，都不能取代嫡子；小宗無論怎麼傑出，都不能取代大宗。父親是貴族，那麼兒子也是貴族，子子孫孫都會是貴族；父親是奴隸，那麼兒子也是奴隸，子子孫孫都會是奴隸。

有同學曾經問我，儒家經典傳頌的三代是不是一個美好的時代？對於這個問題，也沒有標準答案，要看你在三代生下來是誰。如果你生下來是貴族，那就很美好；如果你生下來是奴隸，那就很不美好。

現代人聽起來，會覺得這樣極端缺乏社會流動的時代，真是太可怕了。但天下所有的事物，有缺點必然也有優點，否則它不可能存在。貴族時代有一個很大的優點，這是一個極其安定的時代。

如果政治和社會地位是注定的，那麼你取代不了別人，自然也不必擔心被別人取代。你不必為了改變自己的地位而費盡心思，因為這幾乎沒有意義。從出生的那一刻起，每個人所要想的就是如何盡好這輩子該盡的本分，如何做好這輩子注定該扮演的角色。

在這樣的社會中，如果你生為貴族，你的富貴和榮耀全部來自於祖先，你的責任就是發揚祖先給你的榮耀，並且將它代代傳遞給子孫。

如果用一個字，來形容三代古典文化的核心，那就是「禮」。因為對貴族而言，一個靠血緣關係來運作的社會，就如同一個大家庭，家人之間不會講「法」，只會講「禮」。

這樣的思想，對中國文化的影響極其深遠。在中國人的心中，「法治」始終不是政治上的最高境界，政治最高的理想是「禮運」。上位者不應該用「法」來「治」天下，而是用「禮」來「運」天下。各位可以用心體會其中的差別，《禮記》的〈禮運篇〉就是在講這個道理。中國古典文明的精華，就盡在一個「禮」字上頭。

但隨著時間的巨輪繼續轉動，這樣輝煌燦爛的文明也迎來了它的末路。

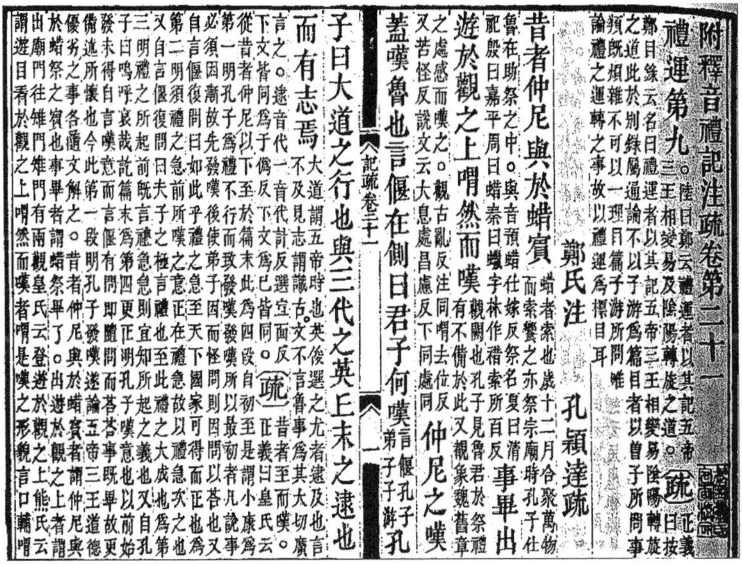
附釋音禮記注疏卷第二十一
禮運第九。陸曰鄭云禮運者以其記五帝三王相變易及陰陽轉旋之道。疏 正義曰按鄭目錄云名曰禮運者以其記五帝三王相變易陰陽轉旋之道此於別錄屬通論不以子游爲篇目者以曾子所問事類既煩雜不可以一理目篇子游所問唯論禮之運轉之事故以禮運爲標目耳
鄭氏注　孔穎達疏
昔者仲尼與於蜡賓 蜡者索也歲十二月合聚萬物而索饗之亦祭宗廟時孔子仕魯在助祭之中。與音預蜡仕嫁反祭名夏曰清祀殷曰嘉平周曰蜡秦曰臘字林作䄍索所百反 事畢出遊於觀之上喟然而嘆 觀闕也孔子見魯君於祭禮有不備於此又覩象魏舊章之處感而嘆之。觀古亂反注同喟去位反又苦怪反說文云大息處昌慮反下同處同 仲尼之嘆蓋嘆魯也言偃在側曰君子何嘆 言偃孔子弟子子游孔
〈記疏卷二十一　一〉
子曰大道之行也與三代之英丘未之逮也而有志焉 大道謂五帝時也英俊選之尤者逮及也言不及見志謂識古文不言魯事爲其大切廣言之。逮音代一音代計反選宣面反下文皆同爲于僞反下文爲已皆同。疏 昔者至而嘆。正義曰皇氏云從昔者仲尼以下至於篇末此爲四段自初至是謂小康爲第一明孔子爲禮不行而致發嘆發嘆所以最初者凡說事必須因漸故先發嘆後使弟子因而怪問則因問以荅也又自言偃復問曰如此乎禮之急至天下國家可得而正也爲第二明須禮之急前所嘆之意正在禮急故以禮急次之也又自言偃復問曰夫子之極言禮也至此禮之大成也爲第三明禮之所起前既言禮急急則宜知所起之義也又自孔子曰嗚呼哀哉訖篇末爲第四更正明孔子嘆意也以前始發未得自言嘆意而言偃有問即隨問而荅荅事既畢故更備述所懷也今此第一段明孔子發嘆遂論五帝三王道德優劣之事各隨文解之。昔者仲尼與於蜡賓者謂仲尼與於蜡祭之賓也事畢者謂蜡祭畢了。出遊於觀之上者謂出廟門往雉門雉門有兩觀皇氏云登遊於觀之上熊氏云謂遊目看於觀之上喟然而嘆者喟是嘆之形貌言口輔喟

〈禮運篇〉

滅亡古典文明的並不是其他階級，而是貴族自己。

隨著貴族生活的日漸腐化和墮落，傳統的禮教逐漸被遺忘，用古人的話來說，就叫做「禮壞樂崩」。而由於貴族之間的不斷激烈內鬥，中國文明也迎來了第二次的巨變。

從春秋戰國開始，貴族間相互征伐，進行戰爭。戰場上講究的是智慧與力量，而不是血緣。沒有人因為敵人擁有神聖不可侵犯的高貴血統，就甘願在戰場上跪地求饒。只要有智慧與力量，就算是平民百姓，隨時都有機會

取代貴族接任要職，於是「布衣卿相」的局面開始來到。

這場歷經數百年變局的最後象徵，就是秦末陳勝起事時所講的那句話：

王侯將相，寧有種乎？

如果讓三代的人聽見這句話，他們一定會覺得驚駭不可思議。陳勝出身只是個幫人耕田的農夫，是社會的底層，當時如果連社會的底層都知道血緣不可靠了，人的地位是可以改變的，那麼以血緣維繫社會秩序的古典文明，自然會土崩瓦解。

秦滅亡了六國和統治它們的貴族，而古典文明所留下最後的貴族——秦，也在轉眼間滅亡。以「貴族」為主體的時代，在中國歷史上就這樣一去而不復返。

巨變的核心，其實就是文化和支撐這個文化的主體階層的改變。世界上沒有一個人的文化，每一種文化都需要靠一個階層來信奉它、執行它、支撐它。三代古典文化，終歸一個「禮」字，而支撐它的就是這批血緣貴族們。

但在血緣貴族消失之後，經過了無數的紛紛擾擾，產生了一個新的主體階層，也就是我們後世所說的「儒生士大夫」們。這批人從小讀著孔子書，靠著這些學問當上官員，當官後支持社會跟政治的運作，等退休後回到鄉里教化民眾。他們時常到處作詩、題碑、著書，他們的流風餘韻直至今日都還處處可見。

儒生士大夫這個階層，固然有許多問題。今日也有許多中國人，往往將近代落後西方的責任歸咎於他們。但他們在中國歷史上也有著莫大的貢獻，中華文明曾受到無數次外族的入侵，卻始終沒有像其他古文明一樣滅亡，傳承到了今日終不斷絕，便是靠無數的儒生士大夫們，在歷史上艱苦卓絕的支撐著這個偉大文明於不墜。

儒生士大夫這個階層，和他們所代表的儒家文化，也同樣延續了近兩千年。但在鴉片戰爭之後，中國迎來了第三次巨變，一切都徹底地改變了。

鴉片戰爭至今已有一百七十多年，姑且不論我們和一百七十多年前的中國人有多麼不同。但這場巨變最大的象徵，便是透過廢除科舉、廢除讀經、五四運動、提出將線裝書丟進茅坑裡……等等一系列的努力，中國人終於將「儒生士大夫」這個階層徹底剷除了。沒有了這個主體階層的支持，傳統文化也隨之轟然倒地。

當然，或許有人會問，今天不也有許多人講傳統文化嗎？怎麼能說傳統文化轟然倒地呢？

一個文化之所以是活著的，不在於有人講，而在於有一群人具體地實踐它。試問今天的社會可有一個階層，是將中華文化當成是信仰的中心？當成是生活的方式？當成是奮鬥的目標？如果沒有，那麼它就只是一種過去的文物，就像埃及文化、兩河文化一樣，只能送進研究所和博物館了。

其根本的關鍵，在於我們今日的教育，已是西方知識體系的產物，這和中國傳統對讀書人的訓練和要求是完全不同的。「人能弘道，非道弘人」、「苟非其人，道不虛行」，沒有主體階層，自然就沒有文化。

第三次巨變，迄今尚未結束。因為我們還沒找到，在三代的古典文化和秦漢至明清的傳統文化之後，中國人應該奉行什麼樣的文化？在血緣貴族和儒生士大夫之後，又會需要什麼樣的主體階層來支撐這個文化？

如果簡單地把第三次巨變發生至今，分成前後兩期。第一期大概是從鴉片戰爭到對日抗戰勝利，當時追求的目標是「救亡圖存」。中國要如何在列強的各種侵略之下，能夠生存下去。

各位不要以為這個事情很簡單，在當時亞洲只有中國、泰國跟日本沒有亡國，其他的國家幾乎都在外國人的統治之下。在那樣的危局中，靠著多少先賢先烈的奮鬥，這個國家總算生存下來。

從對日抗戰勝利到今天，追求的目標就是「富國強兵」，我們就活在這個時代之中。

可是富強之後，還有更重要的題目，這就是這一代和下一代所要面對的問題。在第三次巨變之中，我們如何找出新時代的出路究竟在哪裡？

我當初在臺灣大學開設「中國古代歷史與人物」這門通識課，內容包括孔子、秦始皇、漢武帝和王莽。但由於這本書的篇幅有限，我重點只講秦始皇這個人，以後有機會我再和各位談談其他的人物。

我為什麼開設這樣的課程呢？因為這些人物的共同特徵就是：他們都活在第二次巨變的時代，也都嘗試著替他們的時代找到一條出路。

我希望用歷史做為範例，讓各位來看看第二次巨變中最傑出的人們，他們是如何面對巨變，如何創造了一個新的時代。

如果各位能夠明白這一點，才會讓活在第三次巨變的我們，有可能少走冤枉路。更重要的是，明白他們的成敗得失，才能知道我們未來的出路可能在什麼方向，這就是我所以開這門課和寫這本書最重要的目的。

第二章——從張良的故事談起

歷史該怎麼讀？——實例示範

前面談了那麼多如何學歷史的方法，各位一定會有疑問：「道理說得很好，但為何我實際讀歷史書時，還是看不出門道在哪裡呢？」

歷史學不講空話，下面我就先從「圯上納履」的故事開始。

有許多人聽到這裡，一定會說：「圯上納履？這不就是張良幫老人家穿鞋子的故事嗎？我從小就聽過了。」

那麼請問你，「圯上納履」的故事到底在表達什麼意思？

這個故事流傳了兩千多年，張良是漢高祖劉邦時智慧的代表，老人家叫黃石公，是張良的老師，當然也是智慧的代表。這兩個人相遇的故事，自然也是一個智慧的故事。既然是一個智慧的故事，它裡面必然地隱藏了某些被兩千多年來無數聰明才智之士所傳頌所喜愛的道理。

我講這些在說什麼呢？就是告訴各位，張良的故事絕對不是只為了告訴你，對老人家要有禮貌和約會不要遲到。如果張良的這個故事，目的只是為了告訴你這兩點，那我必須說，這個故事所含的智慧也未免太淺薄了。中國人的智慧沒有這麼淺薄，從這個故事我將帶各位來認識什麼叫做歷史中的智慧，什麼叫做中國人的智慧。

這個故事出自於《史記・留侯世家》，故事的開頭是這樣說的：

良嘗閒從容步遊下邳圯上。

「張良曾經在有空閒的時候，從容漫步遊覽在下邳的橋上」。太史公將人、事、地、物寫得如此詳細是有意義的，歷史上任何東西都不能脫離時空脈絡，更不能脫離一個人的人生經歷。我們讀這段話的時候必然要追問，此時的張良處在他一

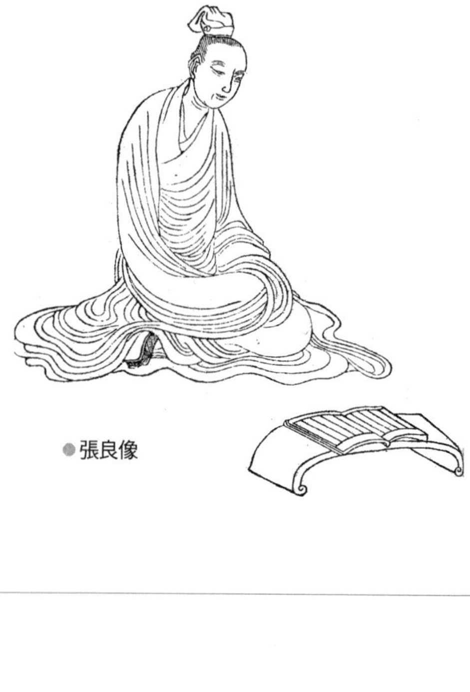

張良像

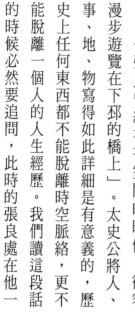

● 頤和園長廊彩繪《圯上納履》

生之中什麼樣的時間點？

各位要注意，就在張良從容步遊下邳圯上的這一刻之前，剛做了一件驚天動地的大事：他在博浪沙刺殺秦始皇！

秦始皇是天下的皇帝，是當時中國人已知文明世界的最高統治者，張良為什麼要去刺殺秦始皇？那一年張良才二十歲左右啊，跟今天許多大學生是一樣的歲數。

張良為什麼要刺殺秦始皇？這要從他的家庭背景說起，張良出身於韓國的宰相世家，祖父和父親曾經擔任五代韓王的宰相。各位想一想，在那個時代父子做過五代韓王的宰相，那家中能夠有錢到什麼地步！

簡單地說，張良是當時典型的官二代和富二代，如果按照他原本應有的人生軌跡，他應該能夠一生安享榮華富貴，並在適當時機接續他父祖的事業，成為下一任韓國的宰相。

可惜人算不如天算，在他年輕時碰到了一個前所未有的變局，那就是秦國滅了韓國。

雖然韓國亡了，但秦國並沒有沒收張家的財產。對張良來說，他還是可以靠父祖累積下來十輩子也吃不完的財富，繼續過著奢侈的生活。但當時身為熱血青年的他，就在國家滅亡的那一刻，立下了一個心願：**他要滅亡秦國，為韓報仇。**

各位要想一想，張良如果不這麼做，一樣可以安享榮華富貴終生，他為什麼要作出這樣的選擇？

秦國是當時天下第一強國，擁有萬里江山、百萬雄兵，名臣良將不計其數，始皇更是不世出的雄主。張良無兵無將，就憑著赤手空拳，居然想滅秦，難道是傻了還是瘋了嗎？

不，張良既不傻，他也沒有瘋。他只是覺得張家世世代代的富貴都從韓國而來。韓國滅亡了，別人可以無動於衷，但張良不能無動於衷。如果連世受國恩的張家，在國家滅亡時都裝作沒事一般，那他要怎麼對得起韓國對他的恩惠？於是他當下就決定，他要散盡家財來求取刺客，要殺了秦始皇為韓報仇。

最後張良終於找到了一個大力士，在博浪沙刺殺秦始皇。當然如同各位熟知的結局，這個刺殺行動是失敗的。張良雇用大力士攻擊始皇的車隊，但丟出去的大鐵椎誤中副車，秦始皇安然無恙。暴怒的秦始皇下令捉拿刺客，結果張良居然逃過了一劫，跑到了下邳。

張良為何能夠死裡逃生？我個人的推測，應該跟張良的長相有關。太史公曾經看過張良的畫像，他表示張良的長相猶如「婦人好女」。好女就是美女，男人長得像女人不稀奇，但長得像美女那就很稀奇了。所以我猜想當時緝捕的官兵，大概一百個人裡面就算抓了九十九個，都覺得這個嬌弱的年輕人絕不可能是刺客，因此張良逃過了一劫。

按照一般的常理推論，一個人在做完了這樣驚天動地的大事，全天下都在通緝他的時候，通常都會驚恐不安，草木皆兵，躲在家中或友人的庇護下不敢出來。結果在這一刻，各位看看他的神態，居然是在大街上「從容步遊」！這孩子絕非常人，由此可見一斑。

他「絕非常人」之處在哪裡呢？在他的「膽」。沒有膽的人，怎麼敢去刺殺秦始皇呢？但這時膽氣過人的他，現在已是家財散盡，刺殺也失敗了，已經一無所有。此時的張良，想必不會在思考晚餐該吃什麼，而是在思索他的下一步該怎麼辦？

刺殺秦始皇的行動已經失敗了，他的家財已經散盡了，他現在沒有錢也沒有力量了。但張良仍不願意放棄他的志向，他還想為韓報仇，那麼下一步他該怎麼辦？

我們讀這段文字，除了看張良處變不驚的膽氣之外，最重要的想這一刻他在思索什麼？我要各位做的就是這件事，前面教各位，呂祖謙怎麼讀歷史，左宗棠怎麼讀歷史，現在就把那個方法用上。

這一刻，請把書蓋起來。想像你就是張良，你該怎麼辦？

好，我們現在想過了之後，再把書打開來。

故事的第一個道理

不用擔心，你剛才想的事情在以後都沒有驗應，只是為了幫助各位了解張良的心境。因為接下來張良就要遇到他人生中非常重要的一個轉折，他將會遇到他人生非常重要的一個關鍵人物。

每一個人的生命，或多或少都會碰到命運轉折的機會。人跟人的成就差別，就在於能不能把握住這樣的機會。有的人抓住了，從此一飛沖天；有人沒抓住，從此就只好自怨懷才不遇，蹉跎一生。

那麼，張良又是如何呢？我們看他遇到了誰。

有一老父，衣褐，至良所，直墮其履圯下，顧謂良曰：「孺子，下取履！」

有一位老人家，朝著張良走了過來。為什麼這裡強調他「衣褐」呢？因為古代衣服的顏色與質料代表著一個人的身分地位，穿著褐衣的多半是低下階層之人。像這樣的一個人，一般人是看不上眼的。可是你們看看，這一段怎麼寫這位老父。

「至良所，直墮其履圯下」，老父在張良面前，直接讓他自己的鞋子掉到橋下去。

這裡要細心揣摩。我問各位，從「至良所」這三個字來推斷，各位認為老父和張良是偶遇？還是老父是故意有目的而來的？

聰明的朋友從「至良所」三個字就知道，至少在太史公的認知之中，老父是有意而來的。而從後面所發生的事情來印證，他也確實是有意而來的。

老父讓他自己的鞋子掉到橋下以後，回頭跟張良說：「小子，到橋下面幫我把鞋子撿上來！」

一個穿著很窮酸的老人家，當著你的面故意讓鞋掉到橋下，然後叫你去撿鞋子，你會怎麼做呢？

注意哦！這一刻，趕快再把書蓋起來。想像你就是張良，你該怎麼辦？

我們現在把書打開來，看看張良會怎麼做。下面這六個字，絕對出乎各位意料之外。

良愕然，欲毆之。

張良當場覺得十分驚愕，想揍這位老人家一頓。

我每次讀這一段都很想大笑，這才像一個二十幾歲的年輕人血氣方剛的表現。從這個表現來看，張良就算再優秀，其實還是沒有脫離年輕人的習性。為什麼呢？因為膽氣夠的年輕人，通常很難忍耐自己的血性，這樣的人才會去刺殺秦始皇。

但是，張良有沒有打他呢？

為其老，彊忍，下取履。

沒有打。

人都有感情，但人跟人之間的差別，就在於你是用感情控制理智，還是用理智控制感情。不要急，在後面我們還會花很多時間講這一點，因為這和人的成就很有關係。

「為其老，彊（強）忍」，看到沒有，因為這個老頭子實在太老了，張良怕一拳打下去不知道會惹出什麼麻煩，他現在還是被天下通緝的狀態，能不惹麻煩就不要惹麻煩。張良忍下來了沒有？忍下來了。可是你看這史書上寫的，他是「強忍」。他不是自然而然忍下來，是強行讓自己忍下來。他不但忍下來，還下去幫老父把鞋子撿上來，這就難能可貴了。

但老父的反應是什麼呢？是說「謝謝」嗎？不是。

父曰：「履我！」

老父接下來說的是：「幫我把鞋子穿上！」你看這句話講得多不客氣，不但沒有道謝，還要張良幫他穿鞋。

蓋上書，想想如果你是張良，你該如何反應？

想清楚了後，打開書。

你們注意看，下面這一步才顯示出這個年輕人不同凡響之處。

良業為取履，因長跪履之。

注意最後這一句，「履之」還不夠，張良「跪履之」；「跪履之」還不夠，張良「長跪履之」。

這在說什麼呢？太史公透過張良這個動作，看出他終於明白了人生中一件非常重要的事情。

什麼事情？就是「忍」。

但只是明白了「忍」還不夠，張良不只是忍。注意「業為取履，因長跪履之」，就是告訴你：

人生要就不忍，既然已經忍了，就要一忍到底。

「長跪履之」就是在講「一忍到底」這件事情，因為你如果不能一忍到底，讓人看出你是強忍，你的忍半點價值都沒有。為什麼呢？下面我會解釋。

張良做出「長跪履之」這樣令人吃驚的動作，老父又會如何？

父以足受，笑而去。

老父直接伸出腳，就坦然讓張良幫他把鞋子穿上，接著立刻大笑離開。

我們來看看張良的反應是什麼？

良殊大驚。

這是什麼意思呢？注意，人跟人之間，特別是高手跟高手之間的交手，往往是不必形於語言文字的。形於語言文字靠長篇大論講道理，在中國傳統思想來看，那都是低層次的事情。高手跟高手之間交手，往往三言兩語，往往一個眼神、一個動作，雙方就知道對方的高下。

舉這個例子來說，老父要張良幫他穿鞋子，是老父欲驚張良，而張良不驚。我見你的面，我先要驚你，讓你明白我是什麼樣的人物。

張良「下取履，因長跪履之」，是張良欲驚老父，而老父不驚。這都是出乎一般人意料的行動，因為出乎人的意料才叫做驚。

老父「以足受，笑而去」，是老父又驚張良。我們看張良的反應是什麼，「良殊大驚」！

你看誰贏了誰輸了？雙方這樣三言兩語幾個動作，一共交手了三次，最後老父不驚而張良大驚，老父大獲全勝。

你看張良接下來的反應。

隨目之。

眼睛跟著老父的身影走，可見張良此時已知道這個老父不是一般人。

父去里所，復還，曰：「孺子可教矣。後五日平明，與我會此。」

老父離開了一段很長的距離以後，又回來了。讀中國書不能太拘泥文字，有很多意思隱藏在字裡行間，甚至在文字背後，所以才叫「從無字處讀書」，你要懂得文字表面沒有講出來的意思是什麼。在這個範例中，我請問各位：「此時張良還在不在原地？」

當然還在，不然老父是跟空氣說話嗎？你從張良還在原地這件事情，就知道張良預料到老父一定會回來。不然他沒走，難道是因為老父掉了錢，所以踩住錢不願意離開嗎？

而老父會回來，是不是也知道張良會在原地等著他。你就從兩人的這個動作就知道，雙方已經明白了對方是什麼等級的人物。雙方等級相同，在歷史上才能構成佳話；如果雙方等級差了太多，只要老父沒回來或張良沒在原地等他，這個故事就會變成笑話。

好，老父回來了以後說什麼呢？他說：「孺子可教矣」啊！既然說可「教」，老父一定「教」了張良什麼。就從剛才那些動作，張良就明白了，老父要教他的第一件事就是「忍」。

看到這裡，各位一定會問：「這能叫做教嗎？」

這當然叫做「教」，各位不要以為教育就是像我現在做的這種，一字一句講解長篇大論才叫教育。中國的教育方法有很多種，嚴格來說，只有儒家才逐字逐句講解，道家講的是「點化」。而老父正是道家人物，他只要三言兩語把最重要的東西點給你就夠了。你的水準夠，你的悟性夠，他才肯定你孺子可教。

所以道家永遠只能在上層最精英的人之間傳遞，儒家則是什麼人都可以教，這是道家跟儒家在教育上最大的不同。各位不能夠只把中國的文化就看成只有儒家，在張良之前，中國上古已有非常深厚磅礡的文化累積，絕不是只有儒家而已。

注意看老父下面怎麼說：「後五日平明，與我會此」。就是等五天之後，天都已經亮了的時候，和我相會在這個地方。

如果你是張良，聽到老父這麼說，你會怎麼反應？

良因怪之，跪曰：「諾。」

張良為什麼「怪之」？因為他知道這個老父不是一般人。既然知道這是高等級的人物，就恭敬地跪坐在地上答應了。中國古代的人講話文雅，秦漢人答應人不會說「是」，而會說「諾」；稱讚一個事情不會說「好」，而會說「善」，這是古人講話的方式。

老父教會了張良「忍」，這在蘇軾《留侯論》中就已談過，但他只見其一，不見其二。光只有「忍」是不夠的，更重要的是，「忍」到底為了什麼？沒有目的的忍耐，和縮頭烏龜有何不同？

事實上，老父教張良的還有第二個道理。

故事的第二個道理

我們看故事接下來的發展，這裡先把後面這段全部看一遍，再問各位一個非常重要的問題。

五日平明，良往。父已先在，怒曰：「與老人期，後，何也？」去，曰：「後五日早會。」五日雞鳴，良往。父又先在，復怒曰：「後，何也？」去，曰：「後五日復早來。」五日，良夜未半往。有頃，父亦來，喜曰：「當如是。」

這個故事其實各位都很熟悉，我要問的問題是：

在上面這段文字中，最關鍵的是哪幾個字？

讀一本書或讀一篇文章，想要知道自己讀懂了沒有，最重要的是你能不能在這一篇文字中找出它最關鍵的概念是什麼？在剛才的這一段短文之中，最關鍵的兩個字是哪幾個字？如果你能明白這一點才叫真的讀懂了，如果你還是不明白，那就沒讀懂。

我相信聰明的朋友已經發現了，最關鍵的兩個字就是「先」與「後」。如果說得更精煉，其實就是爭「先」。

各位看到這裡，或許會問：「先與後重要嗎？」

兵法云：「先發制人，後發受制於人」，這兩個字太重要了。你們看後文就會知道，老父最後給了張良一編《太公兵法》，因此可以知道他是要教張良兵法。

而兵法之中，最重要的就是「先」與「後」兩個字。「制人」與「受制於人」，相去有天壤之別，在兵法上再沒有什麼比這更重要的東西了。

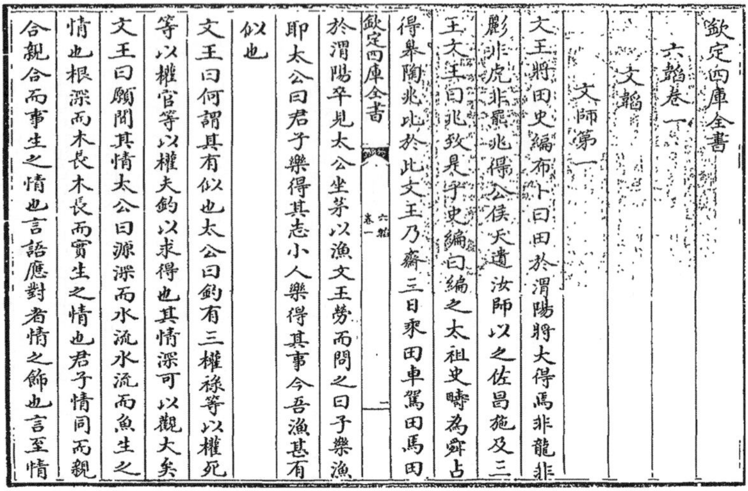

欽定四庫全書

六韜卷一

文韜

文師第一

文王將田史編布卜曰田於渭陽將大得焉非龍非彲非虎非羆兆得公侯天遣汝師以之佐昌施及三王文王曰兆致是乎史編曰編之太祖史疇為禹占得皋陶兆比於此文王乃齋三日乘田車駕田馬田

欽定四庫全書　六韜　卷一　二

於渭陽卒見太公坐茅以漁文王勞而問之曰子樂漁耶太公曰君子樂得其志小人樂得其事今吾漁甚有似也

文王曰何謂其有似也太公曰釣有三權祿等以權死等以權官等以權夫釣以求得也其情深可以觀大矣

文王曰願聞其情太公曰源深而水流水流而魚生之情也根深而木長木長而實生之情也君子情同而親合親合而事生之情也言語應對者情之飾也言至情

●《六韜》（太公兵法）

老父就是借跟張良約會這個事情，來點化他什麼叫做「先」？什麼叫做「後」？

各位看到這裡，或許會說：「哦，我們都懂了，原來就是要教張良『先』的道理。」

說真話，這樣恐怕還是沒懂。我說過這門課程的重點在於「思辨」，所以各位不要看到什麼，就只是記憶下來，而是要接著往下想。

如果自己什麼都不想，只是別人說什麼就是什麼，那不是我寫這本書的目的。

大家聽我說「先」與「後」，好像都明白了，那請問各位：

什麼是先？

有的人會回答：「先，就是比人家早。」這答案說得也沒有錯，但是你想比人家早，人家難道不想比你早嗎？你怎麼才能確定，你一定能比人家早呢？如果一切都在不確定之中，那不過就是「相對的先」。一定能比人家早才叫做「絕對的先」，這才是問題的關鍵。

你看老父和張良約會的這段文字裡面，天已經全亮時，他去約會的地方，老父已經先在，怒曰：「與老人期，後，何也？」於是再約後五日早會，卻沒有指定時刻。五天以後，雞叫的時候張良就去了。如果各位是都市的孩子，大概不太清楚這是什麼意思。如果你是農村的孩子，就會知道雞叫的時候，其實天還沒有亮，還是黑夜的狀態。

這次張良天還沒亮就去了，結果老父又先在，再生氣地說：「後，何也？」如果你是張良，你已經跟人約會兩次了，人家都比你更「先」。試問：**你要怎麼樣才能在第三次交手之中，占住那個「絕對的先」？**

先把書蓋上，好好想一想，想清楚了再把書打開來看。

「五日，良夜未半往」。「夜未半」是什麼意思？就是我們約定五天以後見，我在第四天的晚上十二點以前就到了。

兩人約定的是第五天，張良在第五天還沒有來臨之前就先到了，怎麼樣也不能算遲到。就算老父先到，已經不能夠指責他不守約定了，此時的張良已經立於不敗之地。

但「立於不敗之地」就是「絕對的先」嗎？當然不是，這只能叫做「不後」。

把一切主客觀因素，全部考慮在內，算到無可再算，做出萬全準備，讓自己立於不敗之地，雖然不是「絕對的先」，但已經是「絕對不後」，這就是第一步。這就是《孫子兵法》說的：「勿恃敵之不來，恃吾有以待之；勿恃敵之不攻，恃吾有所不可攻也」。雖然是第一步，但這一步非常重要。自己都沒準備好，你如何能夠搶「先」呢？

到底什麼是「絕對的先」？

出乎對方意料之外，就是「絕對的先」。

你準備，人家也準備；你計算，人家也計算。我以前講《孫子兵法》，最喜歡問同學的就是：「你讀《孫子兵法》，你的對手難道不讀《孫子兵法》嗎？」

舉例來說，孫子說：敵軍「半濟而擊之」，敵人渡河渡到一半的時候，我們就要去攻擊他。什麼叫做思辨？你讀這句話就要馬上想，《孫子兵法》又不是秘密，敵人也熟讀《孫子兵法》，為什麼會笨到半渡來給你打呢？

敵人半渡，必然是因為你設下了一個環境，讓他以為他半渡不會被攻擊。而你出乎意料去攻擊他，因此才能獲勝。

如何設計這樣的環境，這就是所謂的「奇正之用」。我們必須先用「正」來準備，準備到不能再準備，計算到不能再計算，確保自己的不敗，接下來就要出「奇」。

為什麼要出奇？因為「出奇」才能「制勝」。

順帶一提，以前有同學問我：「老師，我生在這麼和平的時代，為什麼需要學兵法呢？你又為什麼需要教兵法呢？」

恐怕是需要的。因為人生下來就有欲望，有了欲望就要爭，只要有爭就是戰場。

所以易經在「需」卦之後就接「訟」卦，「訟」卦之後就接「師」卦，講的就是這個道理。

所以各位從小就聽過「考場如戰場」、「商場如戰場」、「情場如戰場」，對吧？處處都是戰場，有戰場就得用兵法，兵法不只是用在軍隊之間的戰爭，人跟人之間只要有競爭就需要兵法。

或許有人會說：「有所求就需要用兵法，但我此生無—所—求。」

如果你真的無所求，那恭喜你，你成佛了。你基本上不用來看這本書，因為我這本書是寫給人類看的。

既然想要求勝，就必須占住「絕對的先」，也就是要出乎對方意料之外。你從這個故事中的「有頃，父亦來」，就證明老父是接近夜半的時候才來，結果出乎他意料的是，張良根本第五天沒到就來了，這就告訴我們什麼叫「絕對的先」。兵法必須這麼用，老父要告訴張良的就是這一點，而張良也明白了這一點。

如果有朋友接下來會問：「怎麼樣才能出乎對方的意料之外呢？」

那麼恭喜各位，學習歷史你真的開始入門了。

這本書跟過去許多歷史書不一樣的地方，就在我會不斷地發問，要各位不斷地進行思考。絕不能只是背下答案，就以為自己學會了。

老父要教張良的，其實只有兩個道理，就是「忍」和「先」。前人如蘇軾或許提到了「忍」，卻沒有提到「先」；更不明白「忍」和「先」這兩個道理其實是一體的，需要互相運用。

《孫子兵法》說：「始如處女，敵人開戶，後如脫兔，敵不及拒」，「始如處女」是一個比喻，古人相信用沒有出嫁的女孩子來比喻天下最柔弱的人，對誰都沒有威脅。正因沒有威脅，敵人才能還不防備，放心地把門打開，這就是「忍」。

可是在敵人把門打開那一刻，你「動如脫兔」攻了進去，古人用飛奔出去的狡兔來形容動作之迅疾。於是敵人來不及把門關上來抵禦你，這就是「先」。

唯有「忍」，才能讓敵人失去防備。敵人沒有防備，你才能出乎對方意料之外，才能占住「先」來出奇制勝。老父教張良的，正是這兩個道理。

老父為什麼要教張良這兩個道理？論膽氣，張良敢去刺殺秦始皇，那絕對沒有問題。論才智，張良本身就聰明，所受的更是當時第一流的教育。但很可惜，張良不明白「忍」和「先」的道理，所以失敗了。

為什麼要忍？忍是為了等待最好的時機。

「花開有時謝有時」，歷史就是講「時」與「變」的學問，萬事都有時機，你必須要在最適合的時機做最適合的事情。時機不到，你只能忍耐。如果不能忍耐，過早暴露你的意圖，敵人就防備你，你就什麼事也做不成了。只有「忍」，你才能夠去搶那個絕對的「先」，這就是兵法的道理。

當然，或許各位會問我：「這是你個人的理解，有根據嗎？」當然有，歷史學不講空話。我舉一個例子為證，讓各位明白什麼是「忍」和「先」的道理。

劉邦為何能取得天下？關鍵就在他先入關中。劉邦為什麼能先入關中呢？這就和張良有密切的關係。

簡單地說，真正滅亡秦朝的其實是項羽，項羽帶著楚軍在鉅鹿之戰打敗了秦的主力軍隊，所以秦才會這樣輕易滅亡。而劉邦則是趁項羽在鉅鹿決戰時，從秦的南門武關，偷偷地溜了進去。

劉邦是怎麼溜進去的？難道秦在南邊沒有守備嗎？當然有。

劉邦當時帶了不多的軍隊，張良跟在他身邊。他要搶先入關，可是秦朝有守將也有軍隊。劉邦本來打算硬拚。可是張良卻勸劉邦：「我聽說秦的守將是市場屠夫的兒子，這種出身的人容易動之以利，你先虛張聲勢，讓他誤以為我們軍隊眾多，再用財寶去收買他。」

劉邦聽了很高興，就照張良說的做，而守將果然答應叛秦。劉邦正覺得這個事情已成定局，沒有什麼好擔心的時候，張良卻告訴劉邦：「不行，立刻攻擊他們！」

劉邦大驚說：「不對啊，我們不是剛賄賂了守將嗎？守將也答應叛秦，為什麼還要進攻呢？」

張良就告訴劉邦：「守將叛秦，不代表他底下的秦人軍士也會叛秦，萬一生變了怎麼辦？不如現在就去攻打。」

張良所以勸劉邦這麼做，正是因為守將剛收下賄賂，沒有意料到劉邦會在此時進攻。正因如此，劉邦才能順利打敗秦軍，先入關中，這不就是靠著「忍」和「先」的道理才能取得先機嗎？

這個故事，到後面有一個十分傳奇的結束。

出一編書，曰：「讀此則為王者師矣。後十年興。十三年孺子見我濟北，穀城山下黃石即我矣。」遂去，無他言，不復見。旦日視其書，乃太公兵法也。

老父送了一編書給張良，跟他說：「你讀了這本書，十年以後就可以興起了。十三年你到濟北來找我，在穀城山下的那塊黃石就是我了。」於是沒有再說一句話，就這樣離開了。而從「不復見」三個字就可以知道，從此張良再也沒有遇過這個老父了。後來張良果然去找，真的找到那塊黃石，因為這個老父從頭到尾都沒有說出他叫什麼名字，所以後人只好叫他黃石公，其實我們根本不知道他叫什麼名字。而張良等白天時，看了老父送他的書，才知道是太公兵法。

什麼是讀書？

故事講完了嗎？還沒有哦。最後一句很重要，請大家注意讀。

良因異之，常習誦讀之。

「良因異之」，因為覺得老父特殊。但什麼是「常習誦讀之」呢？

前面跟大家說過，中國學問跟西方不同，中國講的是工夫，工夫重層次，我就用這個例子分析給各位聽。

我們從小就讀書，請問各位：

什麼叫做「讀書」？

在中國人來看，讀書有三個層次。

第一個層次叫做「誦書」。誦書是什麼意思呢？古人所說的「誦書」是指能夠背誦書中的內容。能夠背書是學習的第一步，在古人來看，如果你不會背書，不能把書中的文字爛熟於心，難道碰到事情的時候還要臨時去翻書嗎？那來得及嗎？

背書在古人是基本功，西漢的東方朔說，我能誦四十四萬言，意思就是能背四十四萬字的書。不要覺得奇怪，古時候讀書人都有背書的本事，沒有這個本事，書就讀不了。

誦書只是起步，第二個層次叫做「讀書」。什麼叫做讀書？「抽繹其義蘊至於無窮」叫做「讀」，也就是能夠分析、歸納書中的道理才叫做讀書。

每一本書的文字，背後必然有作者想要傳達的道理。就好像這段張良的故事，我們分析、歸納其中的道理，就是「忍」和「先」兩個字而已，這就叫「讀書」。

會讀書就夠了嗎？當然不夠，還有第三個層次叫做「念書」。「念」不是用嘴「唸」，而是把書中的道理，時時刻刻放在自己的心中去實踐它，也就是「念茲在茲」的「念」。

書中的道理，是要用實踐去印證。實踐有那麼容易成功嗎？絕對沒有。

講道理容易，做事難，做得成事就更難。因為講道理容易，道理講得通就可以了。做事要有現實的條件配合，做得成事得要所有的條件都到位，缺個條件都不行。

光懂得道理不夠，而從懂得道理到實踐成功，也就是從「讀書」到「念書」中間的工夫就叫「習」，也就是「常習誦讀之」的「習」字。

習是什麼意思呢？《說文》裡面說得好：「習，數飛也」，習字的上半部是個羽，指的正是鳥兒學飛。

鳥學飛有一次就成功的嗎？絕對沒有。一隻小鳥從不會飛到學會飛，要摔下來多少次？都要摔得遍體鱗傷、渾身是血，最後才學會展翅飛行，才能夠翱翔九天。

人學做事就是這個樣子啊！從懂得道理到能夠實踐，你必須要經過多少次的磨練，多少次的坎坷，多少次的挫折，才能夠明白那個道理要如何實踐。

看看張良怎麼學兵法？「常習誦讀之」，這就是讀書的工夫。

讀任何歷史書，各位也要常習誦讀之，才能讓歷史變成真正有用的東西。張良遇見了黃石公，改變了他的一生。他立志滅亡秦朝，這是多麼不可能的心願，而張良最後真的做到了。他幫助劉邦，把秦朝給滅亡了，而且還開創了一個西漢的盛世。為什麼？因為他真的明白了智慧是什麼，他真的學會了書中的智慧。

第三章——歷史勝利組的條件

他叫「秦始皇」嗎？

前面談過了秦始皇的敵人——張良的故事，這裡就要開始談秦始皇這個人了。

本書主要運用的歷史文獻是《史記・秦始皇本紀》，這是目前我們所知古文獻裡面，對秦始皇一生描寫最全面也是最詳細的一篇文章。任何秦始皇的傳記，都不會離開這個基礎，所以本書也從這個基礎來介紹。當然，現代歷史學者利用新出土的史料對此篇內容，進行過種種的考證，也不斷有著爭議。但為了避免偏離本書的主題，我會盡量避免這類的繁瑣考證。

秦始皇像

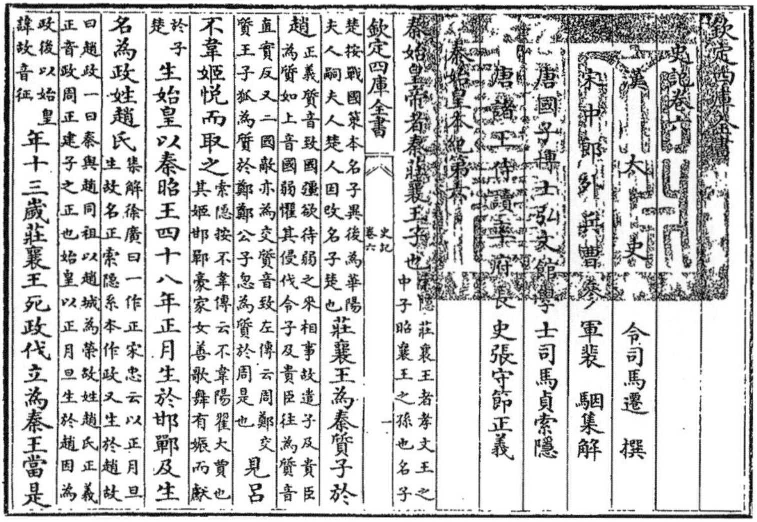
欽定四庫全書
史記卷六
漢 太史令司馬遷 撰
宋 中郎外兵曹參軍裴駰 集解
唐 國子博士弘文館學士司馬貞 索隱
唐 諸王侍讀率府長史張守節 正義
秦始皇本紀第六
秦始皇帝者秦莊襄王子也索隱莊襄王者孝文王之中子昭襄王之孫也名子楚按戰國策本名子異後為華陽夫人嗣夫人楚人因改名子楚也莊襄王為秦質子於趙正義質音致國彊欲待弱之來相事故遣子及貴臣為質如上音國弱懼其侵伐令子及貴臣往為質音直實反又二國敵亦為交質音致左傳云周鄭交質王子狐為質於鄭鄭公子忽為質於周是也見呂不韋姬悅而取之索隱按不韋傳云不韋陽翟大賈也其姬邯鄲豪家女善歌舞有娠而獻於子楚生始皇以秦昭王四十八年正月生於邯鄲及生名為政姓趙氏集解徐廣曰一作正宋忠云以正月旦生故名正索隱系本作政又生於趙故曰趙政一曰秦與趙同祖以趙城為榮故姓趙氏正義正音政周正建子之正也始皇以正月旦生於趙因為政後以始皇諱故音征年十三歲莊襄王死政代立為秦王當是
欽定四庫全書 史記 卷六 一

〈秦始皇本紀〉

我們先從篇名開始：

秦始皇本紀

讀到這裡，一定會有人跳起來問：「篇名有什麼好講的？這我們都讀得懂啊！想混字數也不是這樣的！」

篇名真的沒有什麼好講的嗎？當然不是，不但要講，而且值得特別講。本著此書的一貫風格，我先請教各位：

太史公為他作本紀的這個人，他真的叫「秦始皇」嗎？

聽到這個問題，許多朋友會一愣，他不叫「秦始皇」又叫什麼呢？**事實上，他不叫「秦始皇」，他叫「秦始皇帝」**。

《史記・秦始皇本紀》開篇第一句，就是：

秦始皇帝者，秦莊襄王子也。

你們看得清楚吧！本篇開宗明義就告訴你，「秦始皇帝」才是他的全名。

看到這裡，或許各位會有疑問：「如果他叫秦始皇帝，為什麼篇名叫〈秦始皇本紀〉呢？難道是因為《史記》漏寫了字嗎？」

當然不是了，我們看《史記》的前後文，確實記載這一篇叫〈秦始皇本紀〉；而且在本篇中的文字，常常稱這個人為「始皇」而不是「始皇帝」，可見沒有問題。

那麼史記為什麼要這麼寫呢？因為《史記》是中國傳統的史書，奉行的是中國傳統的史法。在中國傳統的史法裡面，有很重要的一項，叫做「一字寓褒貶」。

從稱呼人名所用的字，到敘述行事所用的字，都代表史家對他的評價。例如同樣是一個人把一個人給殺了，用「弒」，用「誅」，用「殺」，意義完全不同。

而在史記的篇名中更是如此，太史公對每個人的稱呼都不一樣。同樣是世家，陳勝就稱他的字陳涉，蕭何就稱他的官蕭丞相，張良就稱他的爵留侯。從史記的篇名，你就可以看出作者各式各樣不同的評價，這就是春秋筆法，以後有機會我們再慢慢詳談。

那麼「秦始皇帝」和「秦始皇」，又有什麼不同呢？請問各位，太史公是西漢人，在漢代人心中，「皇」跟「帝」哪一個字比較重要？

判斷兩者中誰比較重要，有個簡單的方法。當我們一定要省略其中一個時，被省略的那個，一定是比較不重要的。

漢代皇帝的正式稱呼，是「漢孝文皇帝」、「漢孝景皇帝」、「漢孝武皇帝」。但當省稱時，會叫「漢文帝」、「漢景帝」、「漢武帝」，而不會叫「漢文皇」、「漢景皇」、「漢武皇」對吧？由此就可以知道，在當時人心中，「帝」要比「皇」重要得多。

我再舉一個例子給各位做個參考，東漢的最後一個皇帝叫漢獻帝，禪位後叫山陽公，他死在魏明帝曹叡的時代。當時曹魏就面臨著一個問題，死了以後怎麼稱呼他呢？當時大臣王肅就說：「漢總帝皇之號，號曰皇帝。有別稱帝，無別稱皇，則皇是其差輕者也」，就主張應該追謚為漢孝獻皇。結果魏明帝曹叡胸襟非凡，他認為我大魏取代大漢那是正大光明的事情，還是稱他為漢孝獻皇帝吧！從這裡也可以看出，在當時人心中「帝」字是比「皇」字更重要的。

如果「帝」字是比「皇」字更重要，那為什麼篇名要省略這個「帝」字呢？因為太史公從篇名要告訴你，他要藉此來貶秦始皇。

但貶歸貶，歷史必須記錄事實。在這篇文章裡面，從頭到尾至少要有一次正式稱呼人家的全名，這是史家該有的道德。這也代表了寫歷史的人，不是不知道這個人叫什麼名字，他是故意不這麼稱呼的。所以這篇文章一開始就告訴大家，他叫「秦始皇帝」，可是篇名還是叫「秦始皇」。

巨變的象徵

好的，講篇名是為了讓各位明白中國的史法是怎麼回事，後面我們繼續看本文的第一段：

秦始皇帝者，秦莊襄王子也。莊襄王為秦質子於趙，見呂不韋姬，悅而取之，生始皇。以秦昭王四十八年正月生於邯鄲。及生，名為政，姓趙氏。

這一段是在講秦始皇的身世，我不打算在這裡多談他到底是莊襄王還是呂不韋的兒子，這個故事已經被小說、戲劇、電影炒作得濫了。我又不會驗DNA，怎麼可能會知道誰才是秦始皇的親生父親？不過從這裡的「秦莊襄王子也」來看，太史公應該認為始皇確實是莊襄王的親生兒子。

我這裡要特別談的，是「姓趙氏」三個字。各位讀到這裡，一定又有人想跳起來問：「這三個字有什麼好講的？又打算混字數了嗎！」

沒什麼好講的嗎？我再問各位一個問題：

秦始皇姓什麼？

對歷史熟悉的朋友，一定會立刻回答：「他叫嬴政，當然姓嬴。」

既然他姓嬴，為什麼這裡要說他「姓趙氏」呢？這就和第二次巨變有關了。

現代人填表格，有時表格中會有「姓氏」和「名字」的欄位。那麼請問各位，姓和氏是一回事嗎？名和字是一回事嗎？

當然不是，古人的名跟字不是一回事。舉各位熟知的人物為例，韓愈名叫愈，字就叫退之；楊過名叫過，字就叫改之。對吧？常讀古文或武俠小說的朋友都很明白。

在這裡，我坦白告訴各位，姓和氏也不是一回事。什麼叫做姓？姓是代表你的血緣從何而來，有同一個祖先的人們，就會有同一個姓。

中國的古姓其實沒有那麼多，就那幾十個而已，例如姓姬的、姓姜的、姓姚的、姓姒的……多半都有女字邊，這可能跟母系社會有關係。

可是當同一個祖先，也就是同一個姓的人繁衍越來越多，就會有一部分的族人，到另外一個地方去建立他們自己的聚落。為了在同姓底下分別彼此，就會在同一個姓下又出現不同的氏。

因此氏是會分化，會變動的，有的以地為氏，有人以官為氏。舉個最簡單的例子，請問商鞅姓什麼？

過去有同學會回答我：「商鞅姓商」、「商鞅姓衛」、「商鞅姓公孫」，這些答案都有道理。因為商鞅是衛國的公族，所以也叫衛鞅、公孫鞅，但哪個答案才是對的呢？

事實上，這些答案都不對。因為商鞅既然是衛國的公族，衛國公室姓姬，所以商鞅當然姓姬。因為他是衛國的公族，所以最早叫他衛鞅、公孫鞅；後來他在秦國功勞很大，秦國把商這個地方封給他，他就以封地為氏，所以叫商鞅。但衛、公孫、商都只是他的氏，姬才是他的姓。

或許有人會問：「那為什麼當時沒有人叫他姬鞅呢？」

這就涉及到從春秋戰國到秦漢的巨變了，我前面告訴過各位，在列國戰爭當中，最沒有用的就是血緣。不管是不是同一個祖先，別人不會手下留情；你血緣高貴，別人也不會跪地求饒。相對來說，象徵地緣的「氏」比象徵血緣的「姓」在當時更加重要。所以在第二次巨變最重要的象徵，就是「氏」取代了「姓」。秦漢以後，我們一般所稱呼的姓，其實大部分都是氏，姓就逐漸式微了。

無獨有偶的是，第三次巨變從鴉片戰爭到今天，「名」也取代了「字」，字也逐漸式微。古代中國只要有教養的男子，幾乎人人有「字」。為什麼呢？因為古人的「名」，不是人人都能叫的，通常只有尊長才可以直呼你的「名」，平輩之間則稱呼「字」。要是晚輩連稱呼「字」都不禮貌，通常是稱呼你的「號」，或尊稱你為某某先生，或用地望來代稱，這都是傳統的做法。

這是因為古代有禮，不同的身分就會有不同的稱呼。可是從鴉片戰爭以後，到了五四運動，慢慢大家就開始不想要中國文化了。舊禮教已被打倒，講得更徹底一點，這是一個連稱呼朋友父母，都直呼「你爸」、「你媽」而不以為無禮的時代，還要「字」、「號」做什麼？一個連禮都沒有的時代，當然不需要「字」，人人稱呼「名」就夠了。

我前面說過，巨變是一個把過去的東西從頭推倒重新再來的過程。巨變必然有它具體的象徵，而這種具體的象徵常常就反映在我們切身所繫的事物上面。第二次巨變是「氏」取代了「姓」，第三次巨變則是「名」取代了「字」。

巨變背後的意義，各位真的懂嗎？所謂歷史的巨變，往往不是驚濤駭浪似地急速改變，絕不是有人突然規定明天開始人人都要廢除自己的「姓」或「字」。真正的巨變是「繩鋸木斷，水滴石穿」，是「隨風潛入夜，潤物細無聲」，是孟子所說的「莫之為而為者，天也；莫之致而至者，命也」。是在你不知不覺之中，沒有人命令，可是人人都會自然去做的東西，這才叫做巨變。

那麼回到原來的問題，秦始皇姓什麼呢？秦始皇姓嬴，可是嬴姓下面又分了很多很多的氏，秦始皇這一支是趙氏。太史公已經是西漢人，因此他以當代的習慣記下「姓趙氏」，原因就在這裡。

成功的第一個要件

好，我們繼續讀下面的部分：

年十三歲，莊襄王死，政代立為秦王。

秦始皇即位的時候幾歲？十三歲。在今天也不過就是初中一年級的孩子，他就繼任了一個這麼大的國家。請問各位十三歲的時候在做什麼？你一定要明白這一點和他後面做的事，才知道這個人天資有多麼的不平凡。

秦始皇十三歲即位，他面對的是一個什麼樣的情況？我們來看看《史記》這一段怎麼描寫：

> 當是之時，秦地已并巴、蜀、漢中，越宛有郢，置南郡矣；北收上郡以東，有河東、太原、上黨郡；東至滎陽，滅二周，置三川郡。呂不韋為相，封十萬戶，號曰文信侯。招致賓客游士，欲以并天下。李斯為舍人，蒙驁、王齮、麃公等為將軍。王年少，初即位，委國事大臣。晉陽反。

「當是之時，秦地已并巴、蜀、漢中，越宛有郢，置南郡矣；北收上郡以東，有河東、太原、上黨郡；東至滎陽，滅二周，置三川郡」，這是即位時的版圖。

「呂不韋為相，封十萬戶，號曰文信侯」，是講這個國家實際的主政者。
「招致賓客游士」，這是手段。
「欲以并天下」，這是目的。
「李斯為舍人」，這是文官。
「蒙驁、王齮、麃公等為將軍」，這是武將。
「王年少，初即位，委國事大臣」，這是國家情勢。
「晉陽反」，是秦始皇登基所碰到的第一件大事。
短短九十九字，把秦始皇即位時的版圖、主政者、手段、目的、最重要的文官武將，和即位初年的國家局勢和大事，交代得一清二楚。這就是《史記》的文字，各位看看中國傳統史書的筆力如何！
這個十三歲的小孩即位為秦王，當時真的一帆風順嗎？秦國是當時天下第一強國沒有問題，可是國家的政權並不在他身上。
嫪毐封為長信侯。予之山陽地，令毐居之，宮室車馬衣服苑囿馳獵恣毐，事無小大皆決於毒。

你們看看這一段很有趣，在很多歷史劇裡面都會提到這個人物——嫪毒。嫪毒是誰呢？簡單地介紹，他是秦始皇母親的情夫。秦始皇的母親多喜歡這個情夫呢？你們看，「宮室車馬衣服苑囿馳獵恣毒」，什麼叫做「恣毒」？所有的生活享受，從食衣住行到遊玩娛樂，全部讓嫪毒隨心所欲，國家預算無限供應。還有更誇張的，「事無小大皆決於毒」，當時始皇尚未親政，王權由太后代行，而所有國家大小事實際都由嫪毒來決定。你們就看看嫪毒受到太后多麼大的寵幸，身上有多麼大的權勢。

《戰國策》中記載著，當時秦國從執政的官員到拉車的百姓都在問：「與嫪氏乎？與呂氏乎？」也就是秦國到底會落入嫪毒的手中？還是呂不韋的手中？似乎沒有任何人看好嬴政這個孩子，但他終究改變了自己的命運。

九年，……，四月，上宿雍。己酉，王冠，帶劍。

這一段在說什麼呢？始皇即位的第九年，他到雍城去。雍是秦國的舊都，歷代先王的宗廟都在那裡。在先秦時代，一個國君要即位或親政，都要先到宗廟去祭祀歷代祖先，始皇當然也不例外。

為什麼這一年他要去雍城祭祀歷代祖先呢？因為「王冠，帶劍」。什麼叫做「冠」？古人行「冠禮」代表成年了，因為古代男子都是留長頭髮的，「身體髮膚，受之父母，不敢毀傷」，剪髮這是很晚的習俗。所以待到了成年，頭髮必須束起來，束起來的頭髮必須「加冠」，加了冠就代表你是成年人了。一個王如果加了冠，就代表他成年可以親政了，以後國家的政權就要從太后到他的手中去了。

我反覆講這一點，目的是什麼呢？我要各位算一算，即位已經九年，秦始皇此時幾歲？

如果心算好的朋友，一定馬上就會算出來，十三歲即位，九年正好二十二歲。

古時候男子成年行冠禮是幾歲呢？有早有晚不一定，但一般最晚不會超過二十歲。

那為什麼秦始皇會晚到二十二歲才行冠禮呢？各位接下來就應該要問這個問題了。讀歷史最重思辨，你要像剝洋蔥一樣一層一層地往裡剝，才能得到真正的答案。

那為什麼他到二十二歲才能親政呢？很簡單，因為有人不想他親政啊！如果王親政了，嫪毒怎麼辦？太后怎麼辦？所以只好一年拖過一年，最後到二十二歲實在阻止不了了，只好讓他親政。

那麼嫪毒會怎麼辦呢？

長信侯毐作亂而覺，矯王御璽及太后璽以發縣卒及衛卒、官騎、戎翟君公、舍人，將欲攻蘄年宮為亂。

嫪毒立刻舉兵造反，因為他知道不能束手待斃。但最可怕的，是接下來這三個字。

王知之。

「王知之」啊！秦始皇他早就知道了，他早就準備好，就等著你造反啊！

因為嫪毐不作亂，始皇還真難找到一個光明正大的理由剷除他；他要作亂，始皇就正好布置一個陷阱讓他跳進來。這一年的秦始皇，才是個二十二歲的年輕人，在今天也才剛大學畢業。一個大學畢業的年輕人，能夠設下這樣的陷阱，等著權臣跳進來，這是一個多麼可怕的人！

令相國、昌平君、昌文君發卒攻毐。戰咸陽，斬首數百，皆拜爵。

結果一方早有準備，一方臨時作亂，這樣一場大亂不過「斬首數百」就平定了。

而跟隨嫪毐造反的人下場如何呢？據《史記》記載，他們的結果是「車裂以徇，滅其宗」！死無全屍之外，還把所有跟他有血緣關係的人全部都殺光了。秦法之殘忍，由此也可見一斑。

這裡不是要故意誇張秦法的殘忍，歷朝歷代對造反的人本來就不會留情。但各位必須注意一件重要的事情，秦朝解決事情的方法，往往就是那一百零一招——「殺」！寧可錯殺一百，絕不放走一個。各位不要覺得誇張，我先點出這個伏筆，後面會用無數的例子來證明這一點。

嫪毐的勢力被剷除後，秦始皇開始對付其他會阻撓他統治的對象。次年，「相國呂不韋坐嫪毐免」，嫪毐原本是呂不韋的門客，因此呂不韋被用這樣的理由牽連而免職。此外，秦始皇還將他的親生母親流放到雍城去，因為他不願意再看到她。

這一年，一個叫茅焦的齊國人見到如此做法，於是求見秦王，並提出諫言：

> 秦方以天下為事，而大王有遷母太后之名，恐諸侯聞之，由此倍秦也。

茅焦說：「秦國正要經略天下，但您卻流放您的母親，無疑是毀壞自己的名聲，我擔心諸侯聽到後，從此人人背離秦國。」

中國古代非常重視孝道，在過去這種道德的克制力是非常強的，倘若違反了這些傳統道德，未必會有法律制裁，但不孝子自然會被排斥，人人都不願意跟這樣的人打交道。始皇想要平定天下，自然希望能夠事半功倍，但名聲敗壞則可能讓事情走向事倍功半的道路。我們從史書中可以知道，秦始皇是個情感非常強烈的人物，他被人背叛後，怨憤、恨意往往會比他人更為強烈。特別是被理應是自己最親的母親背叛後，可想而知他的內心是聚積了滿腔憤恨。

我們來看看，此時的始皇會怎麼做呢？

秦王乃迎太后於雍而入咸陽，復居甘泉宮。

聽完了茅焦的話後，秦王不但立刻接受他的建議，而且還選擇親自到雍城，將母親迎回咸陽，迎回太后所居的甘泉宮。

你們以為秦始皇真的願意這麼做嗎？坦白說，從〈秦始皇本紀〉一路讀下去，你就會發現始皇是一個感情非常強烈的人。例如他出生於趙國首都邯鄲，小時為人質，日後當他攻下邯鄲後，他做出這樣的事：

秦王之邯鄲，諸嘗與王生趙時母家有仇怨，皆阬之。

他把小時候得罪過他的人，全部找出來殺光了。一個能夠記仇記這麼久，過了不管多少年還要報復小時怨恨的人，由此可見他的性格。一個感情如此強烈的人，當他受到背叛，特別是自己親生母親背叛的時候，他的怨憤、他的恨意只有更加強烈。

可是我希望各位特別注意，在這一刻始皇選擇的居然是，聽從來說服他的這個外國人的話，把自己的母親迎回甘泉宮。

為什麼呢？因為對方講得有理。

人人都想成功，但成功的第一個要件是什麼呢？我們從歷史上總結得到的教訓，成功的第一個要件就是，無論何時何地，請把你的理智擺在感情之上。人非草木，孰能無情。可是決定你成功或失敗的，往往是你的理智控制感情或是感情控制了理智。

可能有人會問我：「難道我們把感情放在理智之上就真的不好嗎？」

我舉個例子給各位聽，各位不妨去看看《史記．刺客列傳》和《燕丹子》，在後來發生大家所熟知的「荊軻刺秦王」事件中，燕太子丹為何要派荊軻去刺秦王？

他對他的老師鞠武說出了真正的原因，因為當年秦王：

遇丹無禮，為諸侯最。丹每念之，痛入骨髓。

因此，燕太子丹打算派人去刺殺秦王：

一劍之任，可當百萬之師；須臾之間，可解丹萬世之恥。

這不就是為了報復秦王給他的屈辱嗎？鞠武知道後大吃一驚，因為你是一國儲君，不是街頭匹夫啊！你只想到報復的快感，可是萬一失敗後呢？豈不是一國都要為你的衝動而殉葬！

● 中國山東省武氏祠石刻《荊軻刺秦王》

但不管鞠武如何勸阻，如何建議，燕太子丹一律不聽，因為他已經被情感矇昏了頭。他後來對鞠武介紹的田光先生說只要能報仇，「縱令燕秦同日而亡」，他也甘心！

有著這樣的儲君，真是燕國之悲哀！而太子丹在當時的列國諸侯中，已經是比較出眾的人物了。他尚且如此，可以想見秦始皇為何能夠統一天下了！

「需要」和「有用」

在秦王迎回太后的這一年，秦國還發生了另一件大事，那就是「逐客」事件。

秦國會逐客的原因，在於他的鄰國韓國。韓國是一個位處於秦國東方的小國家，所以秦國每次向東侵略之時，韓國都得第一個倒楣。為了防止秦國繼續侵略，韓國人想出了一個辦法，就是派了名叫鄭國的水利工程師前往秦國，說服秦始皇在關中地區進行大規模的水利工程。韓王心想，這種大規模的水利工程會消耗大量的人力、物力、財力，會讓秦國沒有餘力東侵，韓國就能保持和平了。

各位好好想一想，韓國這個辦法好不好？

答案是，也好也不好。我不是故弄玄虛，這個辦法的好壞得看韓國自己。

是，秦國確實會因為這樣，有多少年的時間要花費在大規模的水利工程上，它不能夠東侵，這是對的。可是決定辦法好或不好的，在於秦國不能東侵的這段時間，韓國在幹嘛呢？

如果韓國趁這段秦國沒有辦法侵略你的時間，你自立自強、奮發向上，讓自己的國力強盛了，等秦國想再東侵時，他已經很難對付你了。你爭取到了強大的時機，那這個辦法就再好也不過了。

可是如果這麼多年，你韓國就在那裡原地踏步、悶頭睡覺、關起門來做皇帝，什麼都沒改變。我坦白告訴各位，等秦國完成了水利工程，它國力大增之後，第一個倒楣的還是你韓國，那這個辦法不是飲鴆止渴嗎？

方法好跟不好，和用這個方法的人有密切的關係。同樣的計謀，某個人來做就好得不得了，某個人來做就是天下最餿的主意，韓國就是如此。後來事跡敗露，鄭國被抓了。鄭國坦然承認，他真的是韓國派來的「間諜」，但他也真的是「水利工程師」。這個水利工程不是假的，一旦完成後，秦國國力真的會大大增強。

秦王知道自己被騙，他憤不憤怒呢？想必一定是憤怒的。他殺了鄭國沒有呢？不但沒有，還繼續重用他完成了「鄭國渠」。為什麼？因為這對秦國有利！

當時秦國傳統的本土勢力紛紛利用鄭國案，跳出來指責外國來的門客、遊士都是間諜，應該將這些人趕出秦國。這是因為秦國歷位國君都重用外國人，百里奚、商鞅、張儀、范雎、呂不韋這些歷代秦相等全是外國人，本土勢力抓到了這樣的天賜良機，自然決定大舉反撲，將外國勢力逐出。秦王迫於壓力，因此也不得不同意進行大舉搜索，打算將所有外國門客全部驅逐出境。

就在此時，一位來自楚國的小小門客上書說服了秦王，扭轉了秦國以及眾位外國門客的命運。這個人叫李斯，他的上書就是後來我們在國文課本中常讀到的一篇名作——〈諫逐客書〉。

李斯為什麼能勸服秦王？他告訴秦王，若是只是想要守住一國，將外國門客趕走當然可以。但如果志在天下，就應該能用天下的人才。如今將天下的人才給趕走，若他們回到母國被重用，這樣等於是強大自己的敵人。更糟糕的是，這些被趕走的人必定對秦國懷恨在心，不僅削弱了自己的國家，增強了敵人的戰力，更替自己培養了一大堆仇恨秦國的敵國領導。逐客，這是一件天底下最愚蠢的行為啊！

秦王聽從李斯的建議沒有呢？不但聽從，而且從此重用李斯。他難道不知道這樣做，會讓秦國本土勢力懷恨在心嗎？他當然知道。既然知道，為何還甘願冒這樣的風險也要聽信李斯這樣一個小門客？因為秦始皇要統一天下！

他只問這件事對他統一天下是否有利？有利，他就去做。沒有利，他就不做。隨時把自己的理智擺在感情之上，秦始皇做到了這一點。

而李斯為何被重用呢？

有很多人，常常就覺得自己才能很夠，卻懷才不遇，想知道怎樣才能被人重用。我跟大家說實話，這個社會不外乎就是「需要」和「有用」。

人家需要而你有用，人家自然會重用你；你有用，可是人家不需要，那就白搭了。人家今天需要一個日文說得好的人，你說自己法文很好，人家會重用你嗎？講明白了，就是這麼一回事。

李斯為什麼能說服秦始皇，因為他知道秦始皇需要什麼。秦始皇需要什麼呢？

他需要能統一天下的方法，需要能統一天下的資源，只要能對他統一天下有幫助的，他就會甘冒得罪別人的風險去做，即使面對任何的阻礙，他也要完成它，而李斯看透了這一點，他也明白自己對始皇是有用的。

我們都說秦始皇是暴君，可是各位要明白，秦始皇卻終身重用李斯而不改，這對君臣幾乎是終身相伴。為什麼？說穿了不過就是需要和有用罷了。

秦始皇為什麼能成功？因為他在統一天下之前，無時無刻地不把統一天下這個目標放在最優先的地位，他每一刻都把自己的理智放在感情之上。這一念之間，就能決定成功或失敗。

第四章——秦始皇的為人

秦始皇是個什麼樣的人？

就在秦王政即位後的第十年，也就是諫止逐客的這一年，東方又來了一個人叫做尉繚，要來向秦王獻策。

尉繚來跟秦王說什麼呢？他說：

以秦之彊，諸侯譬如郡縣之君，臣但恐諸侯合從，翕而出不意，此乃智伯、夫差、湣王之所以亡也。

相對於秦國的強大，六國諸侯就好像是地方政權一樣，雙方的強弱地位懸殊，六國已經沒有能力再對抗秦國了。但是不是代表一定能成功呢？不是。尉繚說，如今只害怕一件事情，那就是「諸侯合縱，翕而出不意」。什麼意思？諸侯們秘密聯合在一起，在你沒有防備的時候，突然之間進攻你啊！記不記得前面跟各位講老父教張良「忍」和「先」的例子？所有學兵法的都懂這一點，最可怕的敵人就是你沒有防備的敵人。

但你為什麼會沒有防備呢？因為「以秦之彊（強），諸侯譬如郡縣之君」，強弱實在是太懸殊了啊！這個不用尉繚講，當時天下的人都知道，可是如果秦國也是這麼想，那就危險了。

你覺得尉繚是危言聳聽嗎？不是，尉繚舉了三個例子給秦王聽，「此乃智伯、夫差、湣王之所以亡也」。

智伯是誰？當年晉國有韓、趙、魏、范、智、中行六家大夫最強，智伯把范跟中行兩家滅掉以後，又降服了韓跟魏兩家大夫，成為六家之中最強。此時只有趙氏不屈服，於是智伯率領著韓跟魏兩家大夫去攻擊趙氏。

當時以智伯之強盛，等於是晉國六分之五的力量都在他掌握中，如果他把趙給滅了，後來的晉就會被智所取代。

結果智伯失敗了。為什麼？因為智伯認為他穩操勝算。

就在智伯快要成功的那天晚上，趙大夫派出使者聯絡韓魏，他們秘密聯合起來把智伯給消滅掉，後來才會成為「三家分晉」的局面。

你認為智伯的例子是孤立的嗎？我再舉第二個例子，就是各位所熟知「臥薪嘗膽」故事中的吳王夫差。夫差為什麼會被勾踐滅掉？不就是因為他相信勾踐絕不會背叛嗎？勾踐用絕對恭順的表現，換得了夫差的信任，夫差對他絕無防備。他寧可懷疑自己的忠臣伍子胥，也不懷疑勾踐，結果就是越國將吳國給滅亡了。

第三個例子齊湣王，這個人的故事各位比較不熟悉。齊湣王在位的時候，齊國當時非常非常強盛，強盛到把另外一個大國燕國給滅掉了，成為東方霸主。當齊湣王自以為高枕無憂，能夠成就帝業之時，燕國王室秘密聯合其他的幾個國家，以樂毅為主帥進攻齊國，湣王身死，齊國差一點滅亡。

這三個都是強弱懸殊的例子，在強者沒有防備的時候，弱者秘密聯合行動就把它給打倒了。尉繚舉出這些例子，是告訴秦王政，你不要得意，行百里路半九十，在成功的前一刻，在志得意滿的那一刻，往往是最危險的一刻。

大家以為只有先秦有這樣的例子嗎？我再舉一個例子，有一個人當年率了幾十萬大軍，對手只有幾萬人，他志得意滿，以為明天必可消滅敵人、統一

●曹操南屏山橫槊賦詩（月岡芳年繪）

天下。於是在月明星稀的前一夜裡橫槊賦詩，高唱：「周公吐哺，天下歸心」。結果第二天的戰爭，一把火就把他的軍隊全部燒完，狼狽地逃回北方去，這個人就是赤壁之戰的曹操。

記住，永遠不要把情感放在理智之上，而驕傲正是人類所有情感裡面最可怕的其中一種。

或許有人不免會問：「那應該怎麼辨呢？」

天下的學問有兩種。一種是「盛世之學」，一種是「衰世之學」。什麼叫盛世之學？什麼叫衰世之學？要判斷這一點，不用什麼高深的學問。你讀了一本書，聽了一個人說的話以後，如果你只想長長地嘆一口氣，那就是「衰世之學」。為什麼？因為他只點出了問題，卻沒有告訴你解決問題的方法是什麼。

相反地，如果你讀了一本書，聽了一個人說的話以後，會覺得奮發昂揚，未來有了奮鬥的方向，那就是「盛世之學」。因為那個人除了點出問題，也告訴你解決問題的方法是什麼。

尉繚之所以了不起，就在於他不但點出了問題，還告訴秦王具體的解決方法。**各位不必急，現在把書蓋起來好好想一想，如果是你，應該如何解決這個問題？**

想清楚了，我們再看看尉繚怎麼解決這個問題：

願大王毋愛財物，賂其豪臣，以亂其謀，不過亡三十萬金，則諸侯可盡。

方法很難嗎？一點都不難，就是花錢賄賂各國的豪臣們。最妙的是，賄賂各國豪臣的目的，不是要請他們幫秦國。因為六國當時的當權階級，幾乎全是一群廢物，這些人成事不足敗事有餘。我們用人要用其所長，不用其所短。他們的所長是什麼？就是敗事！

所以尉繚不要這些豪臣幫秦國（千萬不要！），只要他們去敗壞自己的國家（這對他們真是駕輕就熟），這就叫用其所長。不過花費三十萬金，六國就會乖乖完蛋，就能夠統一天下。怎麼樣？尉繚不但有具體可行的方法，連預算都做出來了，這就是尉繚了不起的地方。

我年輕的時候第一次讀這一段，真是拍案叫絕。為什麼？方法居然就這麼簡單。可見方法不在新舊，有用就好。花錢收買人是老方法，也是天底下最有用的方法。「重賞之下，必有勇夫」，其實就歷史經驗總結來看，相信我，只要有重賞，勇婦也是不乏其人。花錢這個方法一點也不稀奇，可是它有用，問題就這麼簡單地被解決掉了。

等到後來第二次讀這一段，我才覺得深深地悲哀。為什麼呢？六國都已經傳承了幾百年，各自有自己的王室、疆域、制度、文化。不過三十萬金就能讓幾百年的國家灰飛煙滅，這是何其悲哀的事情！

第三次讀這一段，我只覺得驚心。試問各位，如果六國如此，那我們的國家又如何？面對這樣的攻勢，我們國家的豪臣和當權者，真的能夠抵抗嗎？

對於歷史讀的每一個案例，都要好好想、反覆想，這樣才能有用。

秦王聽見尉繚的計謀後，他的反應是什麼？

把書蓋起來好好想一想，如果你是秦王，你會怎麼做？

想好了以後打開書，我們看看秦王怎麼做？

秦王從其計，見尉繚亢禮，衣服食飲與繚同。

前面的茅焦是齊國人，後來的李斯是楚國人，現在來的尉繚是魏國人，這三位都是外國人，秦王不問他們是不是外國人，也不管講話中不中聽，只問他們的建議有沒有用。只要你的建議有用，我就敢聽從。這樣的胸襟，這樣的自信，這就是秦始皇，才不過是個二十幾歲的年輕人而已。

不過，如果只是「從其計」，我想各位的答案大概也是如此。但更難得的是秦王之後的反應，他居然見尉繚時使用平等的禮儀！

尉繚是誰？不過是布衣老百姓。秦王是誰？最強大國家的王，即將一統天下。兩個人的地位有如天壤之別，而秦始皇見他居然好像當成朋友一樣用平等的禮儀，這是多麼難得、多麼了不起的事情。

而在衣服飲食上，更是秦始皇享受什麼樣的待遇，尉繚就享受什麼樣的待遇，你們就知道秦始皇對尉繚有多麼好。

秦始皇對尉繚這麼好，現在大家再把書蓋上想一想，如果你是尉繚，你會有什麼感想？

你的感覺一定是感恩戴德吧？覺得碰到了人生中最了解我、最看重我的人。但尉繚並不是這麼想：

秦王為人，蜂準，長目，摯鳥膺，豺聲，少恩而虎狼心。居約易出人下，得志亦輕食人。我布衣，然見我，常身自下我。誠使秦王得志於天下，天下皆為虜矣。不可與久游。

古代讀書人，多半醫、卜、星、相都通，會從一個人的面相和聲音，判斷這個人的個性。尉繚觀察秦始皇的長相，鼻子高，眼睛長，有雞胸，聲音像豺狼，從面相學的角度來看，這樣的人多半不在乎恩義，心如虎狼一般貪殘。

尉繚又觀察秦始皇的行為舉止，這個人有求於人的時候，姿態會擺得極低。有朋友看到這裡就會問：「擺的姿態比人還低，這不是謙虛為懷嗎？是件好事啊！」事實上並不是如此，過度的謙卑和過度的驕傲都需要提防，老子說的「寵辱若驚」就是這個道理。

各位要明白，秦始皇是一個意志和欲望特別強烈的人，他現在能夠擺低姿態是因為他有求於人。那試想，如果他無求於人，他會怎麼樣？如果他達到了自己的目的會怎麼樣呢？像這樣的人，他有求於你是因為你有利用的價值。一旦他達到目的，你沒有利用價值了，「得志亦輕食人」。

就好比下棋，下棋時你那麼寶貝那一個「車」，是因為你愛它嗎？是因為你對它有感情嗎？都不是，是因為它有用。可是當它沒有用的時候，你需要犧牲它來保護「帥」的時候，你就會毫不猶豫地犧牲這顆「車」，不是嗎？在秦始皇心中，其他人就是他的棋子而已。

尉繚何等聰明才智，他看出了這一點。他怎麼知道呢？你看尉繚的話，他自知只不過是個百姓，但秦王每次見他，姿態卻擺得比他更低。從歷史上很多例子告訴我們，一個人能忍人所不能忍，到他得志的時候必然狠。為什麼？壓抑得越深，反彈的力量就越強，這是人性。

假如讓秦王得志於天下，天下都是他的俘虜、奴隸了，他絕對不會吝惜別人的生命、財產，這種人當然「不可與久游」啊！這個人現在有求於我，一旦利用殆盡，他會怎麼對我，那太可怕了，得趕緊離開。

所以尉繚的反應，不是像大家想的感恩戴德，而是要趕快逃走。

要知道，秦始皇在觀察尉繚，尉繚也在觀察秦始皇，這個社會人人都在觀察別人，人人都在被別人觀察，古今都是一樣。

尉繚想要逃走，成功了沒有呢？沒有。為什麼呢？因為：

秦王覺，固止。

秦始皇也知道你想逃跑，所謂「固止」，就是不只一次阻止你逃跑。你逃跑多少次，我就有辦法攔住你多少次。為什麼？這是人才，人才絕不能落到敵國的手裡去，像這樣的人才無論如何都要掌握在自己的手裡。

而秦始皇最高明的是下面這招：

以為秦國尉，卒用其計策，而李斯用事。

他明知尉繚想逃走，不但沒有處罰他，還讓他當上秦國非常高的軍事長官。他給尉繚這麼高的位置，更用尉繚的計策，注意，可是他不給尉繚實權，而是讓李斯去執行尉繚的計謀。

給你高高的位置把你供起來，讓列國都看到我怎麼重視人才，可是絕不讓你有掌握實權的機會，因為我知道你的心已經不在我身上，這是一個二十幾歲年輕人的手段。

接著，我還要問各位：

尉繚犯了什麼錯？他想跑都跑不掉了，他這麼聰明，怎麼會讓自己落入這個境地？

讀中國史書，你要從各個角度去剖析才能真的有用。我們想完秦始皇這一面，還得想尉繚那一面。假如你是尉繚，現在把自己陷入這樣的境地，想跑都跑不掉，怎樣也算不上成功。你是這麼聰明、才智這麼高的人，怎麼會讓自己陷入如此的境地呢？尉繚到底犯了什麼錯？

想清楚了嗎？想清楚了，就打開書往下看。

我的答案是：尉繚沒有錯。

許多朋友看到這裡，應該會大吃一驚：「尉繚怎麼可能沒有錯？」聽我細細向各位道來。

簡單地說，尉繚的錯不是他的錯，是時代的錯。那個時代沒有照片，也沒有電視，尉繚來之前不知道秦始皇長這個德性，等見過了秦始皇長這個德性，想跑已經來不及了，這是非戰之罪，是時代的局限性。

看過了秦始皇和尉繚兩個層次，接下來還要談第三個層次。咱們一個故事，總得講好幾個層次，讓各位有所得，否則有人就會覺得不能值回書價了。

這段故事之後，在《史記》中再也沒看到有關尉繚這個人的任何記載。難道尉繚死了嗎？他沒死，而是尉繚從此之後再也沒有發過一言，為秦始皇出過一計。

我為什麼要跟各位講這個？什麼叫中國的史法，史書裡面常常不表現處才是大表現處。正因不再記載尉繚這個人，你就看出他的氣節。他認為我不應該幫助這個人，就算給他高位，給他榮華富貴，他也堅持信念，再也不幫助這個人了，從這一點就可以看出尉繚的不凡之處。

成功後的第一件事

秦王政即位後第二十六年，戰國七雄對峙了幾百年，在短短幾年之內，其他六國就被秦國輕易地給滅掉了，他終於統一天下了。

接下來我又要問各位一個問題，問什麼呢？

如果你是秦始皇，統一天下之後，你第一件事要做什麼？

我們看一個人，要觀察一個人的本質，最重要的就是看其兩端：看他得志之後是什麼樣子，會做些什麼事？看他失意的時候又是什麼樣子，會做些什麼事？

特別是人得志之後，所做的第一件事是什麼，往往就能看出這個人心中真正想要的東西到底是什麼？一個人要完成目的之前，他會為了完成目的付出很多的代價，做出很多的努力，甚至去做很多他本來並不想做的事。可是當他完成目的之後，他所做的第一件事，必然是他真心想要做的事情，我們就可以看出一個人真正的本質是什麼樣子。

那秦始皇想做什麼呢？他在剛統一天下時，發表了這樣一篇文字：

寡人以眇眇之身，興兵誅暴亂，賴宗廟之靈，六王咸伏其辜，天下大定。今名號不更，無以稱成功，傳後世。其議帝號。

這篇文字在說什麼呢？他告訴天下，仰賴祖先保佑，興兵使六王全部服罪，如今終於統一天下了。很高興吧？而他在統一天下後要做的第一件事就是，嫌自己原來的名號「王」已經不夠偉大，如果不更改名號，怎麼能夠彰顯他的成功？怎麼能讓後世子孫千萬代都傳誦他的偉大呢？因此希望大臣們想一個比過去更加偉大的名號，來稱呼他。

這就是秦始皇，終於統一天下的這一刻，他想到的不是百姓經過幾百年的戰亂需要休養生息，他想的不是在統一天下的戰爭中有多少人嗷嗷待哺，他想的是如何彰顯自己的志得意滿，讓後世的子孫都稱頌他的偉大，這就是他的本質。

大臣們經過討論後，他們怎麼說呢？注意讀下面這一段：

今陛下興義兵，誅殘賊，平定天下，海內為郡縣，法令由一統，自上古以來未嘗有，五帝所不及。臣等謹與博士議曰：「古有天皇，有地皇，有泰皇，泰皇最貴。」臣等昧死上尊號，王為「泰皇」。

這段話中最關鍵的，就是「自上古以來未嘗有，五帝所不及」。為什麼呢？因為它點出了秦始皇這個人，跟歷代所有的帝王最不一樣的特別之處。

中國歷代帝王，其實不只是帝王，包括任何人多半都有一個自己欽佩、想要模仿的人物在那裡。按傳統說法，三代想學堯舜，漢唐想學三代，宋明想學漢唐，我們今天就想學康熙雍正乾隆，不然那麼多清宮戲從哪裡來的？

每一個時代都有帝王想模仿的對象，可是秦始皇的特別之處就在於，他沒有任何欽佩、想要效法的人物。在秦始皇的心中，他是古往今來最偉大的人，在他過去所有的古人，沒有一個能比他偉大，所有人都不足效法，他是人類的顛峰，他是最偉大的人物。

「自上古以來未嘗有，五帝所不及」，五帝是當時的人所公認天子的最高成就了，連五帝都比不上秦始皇，你就知道秦始皇有多麼偉大了。這種心態，通常是在巨變之中的人物才會有的想法，因為過去的一切都被推倒了，會輕易地覺得前人不足敬畏。

而李斯這些大臣和博士們商議的結果，認為古代有天皇、地皇、泰皇三種尊貴的名號，三個名號裡面又以泰皇最為尊貴，所以決定上尊號，尊稱秦王為泰皇。

請大家注意，我們來看秦始皇怎麼說：

去「泰」，著「皇」，采上古「帝」位號，號曰「皇帝」。

「皇帝」這個名號，是誰發明的？「皇帝」這個名號是秦始皇發明的，這個名號是什麼意思呢？

皇者大也，帝者主宰義，皇帝的意思就是「大主宰」，他是這個人間最大的主宰。「皇帝」跟「泰皇」哪個好？當然是「皇帝」好。怎麼知道呢？因為從秦始皇之後，歷代天子幾乎都叫皇帝，沒有人願意叫泰皇，就可以知道一定是皇帝比較好。

什麼叫做真正有聰明才智的人？這些大臣和博士翻遍了古書去找，找到泰皇最好，就把泰皇這個名號呈上去了。結果秦始皇發明了一個從來沒有人想過的稱號，卻比過去所有人想出來的更好。

有些人只能在一百個固定的標準答案裡，找一個最好的答案。可是有人卻能在一百個標準答案之外，找出第一百零一個更好的答案。這就是天才和人才的思維差距，也就是秦始皇聰明才智高人一等的地方。

秦始皇接著又發布這樣的命令：

> 朕聞太古有號毋謚，中古有號，死而以行為謚。如此，則子議父，臣議君也，甚無謂，朕弗取焉。自今已來，除謚法。朕為始皇帝。後世以計數，二世三世至于萬世，傳之無窮。

什麼叫做「謚」？按中國傳統的規矩，一個人死了之後，後人會根據他一生的作為，給他一個字或兩個字做為評價，這就叫「謚」。各位所熟知的曾文正公和歐陽文忠公，就是用謚來稱呼。

我再舉個例子來跟各位說明，過去魯國曾經有一個國君，他評價自己的前半生，說了一句很有名的話，他說：「寡人生於深宮之內，長於婦人之手，未嘗知憂，未嘗知懼。」

從來不知道什麼是憂愁，從來不知道什麼是恐懼，這是多麼美好的人生，一定讓許多人覺得嚮往吧！可是如果一個人是在這樣的環境之中成長，他會有什麼結果呢？想知道他的一生如何，最簡單的方法就是看他的「謚」。

這個人的謚就叫做「哀」，他就是有名的魯哀公。你從這個謚，就知道他的後半生有多麼悲慘。如果你們對他的一生有興趣，可以去找資料來看。但在這裡我要跟各位說的是，年輕人是需要磨練的，一個從來不知什麼是憂愁，不知什麼是煩惱的人，到了大難來臨的時候，必然樂極生悲。

始皇現在發布一道命令，他說太古時代只有對活人的稱號，到中古時代才有謚。秦始皇非常的討厭「謚」這種東西，為什麼呢？他說這不就是兒子在議論父親的作為，臣子在議論君主的作為嗎？言下之意就是，你們怎麼配來議論我呢？我怎麼能夠忍受死了以後，讓你們這些人來評價我的一生呢？

各位要明白，秦始皇的特別之處就在於，他認為他是古往今來最偉大的皇帝、最偉大的人物了，人類的歷史上再也沒有能夠超越他的人。至於以後秦朝千千萬萬代的君王都是他的子孫，更不可能比他偉大，所以他就是人類歷史的頂峰。

試問，如果他是人類文明的頂峰，以後又有哪一個人有資格來評價他？大家要特別注意秦始皇這個心理，因為這個心理跟他一生的成敗有密切的關係。

於是始皇決定廢除謚法，他就叫做始皇帝，以後的皇帝就用數字來計算，叫二世、三世，乃至於千萬世，傳之於無窮。

你看他打算得多好，他居然認為秦可以傳到千千萬萬世。想得很好，卻完全不知他死了以後，這個朝代也就只有二世而已。

接下來，始皇又根據五德終始的理論，修改了一連串的名稱、制度，其中最重要的就是秦朝就應該秉持水德的精神來治國。什麼是「水德」的精神呢？就是下面這一句：

剛毅戾深，事皆決於法，刻削毋仁恩和義。

讀這句話都不用多加解釋，光讀這幾個字的感覺，你們都可以感受到其中是沒有一絲感情的存在。所有的事按法律去辦就好，不需要憐憫，不需要感情，無仁、無恩、無和、無義。他的統治之中，沒有一點溫情。

當然有朋友會問我：「按法律治理國家不是很好嗎？為什麼需要溫情？破壞法律公平性的不就是人情嗎？」

各位要特別注意這一點，你這是統治，不是審判。審判當然要按照法律，但是施政就不能不考慮人情。因為你統治的對象是人，不是沒有生命的機器，人莫不有情。你必須要讓你統治之下的人，都感覺他們受到了良好的對待，你的政治才能成功。

歷史學不講空話，講任何道理都得靠事實來驗證。在後面的章節，我們就拿秦始皇一生的施政，來檢驗他這樣的為人、這樣的方針，最後會得到什麼結果？

第五章——嬴政的選擇？

天下無異意，則安寧之術也

接下來，秦始皇召開了他施政以來的第一次重大會議，這次會議不但決定了秦朝統治天下的國策，更影響了中國以下兩千年的歷史格局。我們來看看這次事關重大的會議，到底在談些什麼？

丞相綰等言：「諸侯初破，燕、齊、荊地遠，不為置王，毋以填之。請立諸子，唯上幸許。」

丞相王綰及大臣們向始皇提了一個建議，那就是為了安定遙遠的燕國、齊國、楚國等新征服地區，請始皇分封兒子們為各地之王，用分權的方式來統治這麼龐大的國家。

這是周朝就用過的辦法，也就是希望始皇回復過去分封諸侯的封建體制，而非實行所有的地方官員都由中央派任的郡縣體制。

始皇聽了這個建議後，決定召開會議，叫群臣們來議論此事，結果是：

> 始皇下其議於群臣，群臣皆以為便。

群臣幾乎一面倒的，都認為這樣做是比較好的辦法。

我說「幾乎」，就是還有一個人反對。那個人是誰呢？就是始皇時的名臣李斯。

李斯的理由是什麼呢？各位讀到這裡不要心急：

請你把書蓋起來，靜下心來想，如果你是秦始皇，在面對這樣的局勢，聽到這樣的議論時，你覺得哪一種做法更好？如果你是李斯，你反對這件事的理由是什麼？

把所有的問題從頭到尾想過一遍以後，再打開書，我們來看李斯怎麼說。

李斯一人獨持反對的意見，而他說服了秦始皇。他說：

周文武所封子弟同姓甚眾，然後屬疏遠，相攻擊如仇讎，諸侯更相誅伐，周天子弗能禁止。今海內賴陛下神靈一統，皆為郡縣，諸子功臣以公賦稅重賞賜之，甚足易制。

周文王、武王的時候，把自己的子弟分封到天下去，剛開始都是和樂一家。可是一代一代過去，親戚關係也越來越疏遠，最後到了春秋戰國時，這些同姓子弟的國家之間彼此攻擊，好像仇人一樣。周天子根本沒有能力去阻止他們。

李斯的意思無非是，分封子弟必然重蹈周朝的覆轍。在他來看，最好的辦法還是實行郡縣制，所有的官員都由中央派任。那怎麼處理諸子功臣的問題呢？只要給錢就可以了，給他錢讓他享受富貴，可是絕對別讓他擁有自己的土地、人民、軍隊，這樣他就沒有反抗的能力，中央就容易控制地方。

但李斯所說不止於此，注意下面這兩句，這才是秦朝立國最重要的核心精神，來看看他們用什麼方法統治這個天下？

天下無異意，則安寧之術也。

怎麼樣才能夠讓天下安寧？只要天下沒有人敢持有和我不同的意見，不就自然安寧了嗎？

大家都聽我的，不准有其他意見。從中央到地方，整個天下只能有一個意志、一個領袖、一個力量，這就是在兩千多年前，中國人面對第一次天下統一的時候，所提出來統治天下的方法。

這個方法好不好呢？不要急，歷史學不談空話，所有的判斷都要用事實來檢驗。跟著往下讀，各位就會看到這個政策貫徹到最後，會是怎麼樣的結果？

我只提示你們一點，各位好好思考，世界上人人都有自己的想法，這是自然之理。「天下無異意」，這可能嗎？

誠使秦王得志於天下，天下皆爲虜矣

始皇接受了李斯的建議，決定分天下為三十六郡，這就是中國從封建到郡縣的一個里程碑。此後兩千年不是沒有封建，但郡縣始終是中國政治體制的主流，和這場廷議有莫大的關係。

秦始皇為什麼接受李斯的建議？因為他希望這個世界上永遠沒有戰爭，他說：

> 天下共苦戰鬬不休，以有侯王。賴宗廟，天下初定，又復立國，是樹兵也，而求其寧息，豈不難哉！

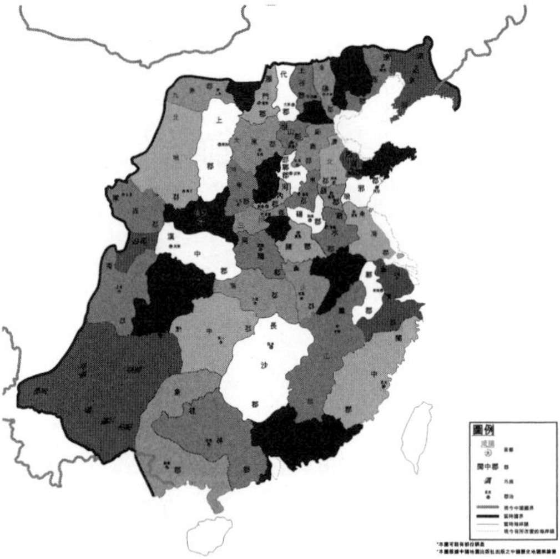

●秦代行政區劃及疆域圖 ©wikipedia/Jason22

天下為什麼戰爭幾百年，就是因為封建了這麼多諸侯王，只要沒有諸侯王，天下就不會再發生戰爭了。

這個想法確實是好的，單從這一句話來看，秦始皇真是悲天憫人，真是入聖了。所以有很多歷史學家覺得，秦朝當時有一個消弭天下戰爭的和平理想。這說得沒錯，問題是秦始皇想要消弭天下戰爭的目的是什麼？

接下來，始皇頒布一連串的政治措施，包括分天下為三十六郡、收天下兵器、統一度量衡、車軌和文字。其中影響最深遠的，便是統一文字。

當時天下各國都有自己的文字，寫法已各有不同。雖然從我們今天的角度來看，所謂的「六國文字」跟秦文字還是同一套方塊字的系統，但溝通畢竟不便。如今始皇要講所有不同的文字，全部統一成一個寫法，目的是為了方便公文書的傳遞，利於秦朝統治廣闊的天下。

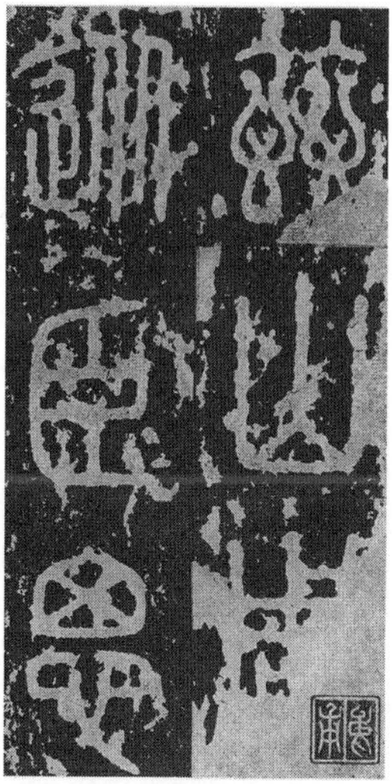

●統一文字後的小篆〈泰山刻石〉李斯手書

這項措施的影響非常深遠巨大，到了今天，中國各地雖然有不同的方言，但始終都有統一的文字，能夠維繫這個國家於一體而不墜，始皇可謂功莫大焉。

除了上述的措施外，始皇還有一項命令值得注意：

更名民曰「黔首」。

什麼叫「黔首」？「黔」是黑，「首」是頭，是當時對一般百姓的稱呼。至於為什麼這麼稱呼？後世學者有各種不同的解釋，但這不是我們討論的重點。

重點是「更民名曰黔首」的意義，這是一個非常了不起的事。

對六國而言，秦國是征服者。無論古今中外，征服者征服了那麼龐大的土地，通常最簡單的治理方法就是設立等級制度，把他們自己變成最高等的民族，而其他被征服的民族則一層一層降低，雅利安人征服印度是如此，羅馬帝國征服西方是如此，元朝征服中國也是如此。

但秦始皇沒有這個想法，普天下的人民在統一以後，不分你原來是秦國人、趙國人或楚國人，一律平等，統統都是「黔首」，沒有征服者與被征服者的差別。

或許有人會說，這真是了不起的平等思想。是的，這真是了不起的平等思想，但是凡事都會有兩面，兩面是並存的。中國文化講陰陽、正反、表裡，就是不希望用單一的眼光去看待事物。

為什麼秦始皇要頒布一個將老百姓全部視為平等這樣的命令呢？因為在他的心中，所有人都是他的臣民，說得更直接一點，所有人都是他的奴隸，有什麼好不平等的呢？

不信的話，各位還記得尉繚的評語嗎？

誠使秦王得志於天下，天下皆為虜矣。

各位以為我在污蔑秦始皇嗎？不要急，看到後面，各位就會明白我為何如此評價秦始皇了。

秦每破諸侯，寫放其宮室，作之咸陽北阪上，……，殿屋複道周閣相屬。所得諸侯美人鐘鼓，以充入之。

這一段是什麼意思呢？始皇滅掉趙國後，就在咸陽模仿建造和趙國一模一樣的宮殿；等滅掉魏國後，又在咸陽模仿建造和魏國一模一樣的宮殿……由此類推，等他消滅完了天下所有的國家後，那麼全天下的宮殿都在首都咸陽可以看到，這是多大的氣勢啊！

各位可以想像一下，今天如果有一個國家滅亡了地球上所有的國家，它把美國的白宮、法國的羅浮宮、英國的白金漢宮等等，全部搬到它的首都裡面，這是多麼宏偉的氣勢，象徵著天下統一新時代的來臨。

問題是，天下經過了幾百年的戰亂，此時是做這些事情最適當的時機嗎？做這些事情是誰在出力？做這些事情又對誰有好處呢？

所有得到的各國美人、寶物，統統填入這些宮室裡面，只供秦始皇一人享受。讓苦於戰禍的人民，耗費無數人力物力，就為了一個人的快意，難道不是把天下人都當成他的奴隸嗎？

我讀這些文字，就是要告訴各位，人是很複雜的，每個人有很多面貌。這是歷史人物課，目的是為了分析人物、了解歷史。因此當你們讀到任何一位歷史人物時，要反覆地在心中琢磨，這到底是一個什麼樣的人？如果你是他，你的做法會有不同嗎？

當然，這絕不是問你有沒有更蠢的做法，而是問你會比他有更好的做法嗎？如果你能發現更好的做法，你才能夠學到怎麼做人處事，這才是有用的歷史教育。

秦始皇的自我評價？

我們繼續看秦始皇接下來發生了哪些事情？

二十八年，始皇東行郡縣，上鄒嶧山。立石，與魯諸儒生議，刻石頌秦德，議封禪望祭山川之事。乃遂上泰山，立石，封，祠祀。下，風雨暴至，休於樹下，因封其樹為五大夫。禪梁父。刻所立石。

二十八年，是秦始皇統一天下後的第三年，這一年始皇到東方六國去巡視。更重要的是，他要去泰山封禪。什麼是封禪？我用一個簡單的比喻講給各位聽。

各位要知道，按照中國傳統的說法，皇帝雖然是人世間最大的主宰，但嚴格來說，他並不是最高的主子。

皇帝是什麼呢？皇帝是天子，天子是天的兒子，是代理天來統治這個世間的人。

所以真正這個世間的主子是天，而不是天子，天子只是個代理人。

若按照現代人的概念來比喻的話，天是董事長，皇帝是總經理。對人間，皇帝是君；對天，他就是總領河山之臣。

那問題來了，如果董事長是天的話，那麼總經理是需要去做業績報告的。我幫你在統治這個天下，天下到底是統治得好還是不好呢？

試想如果你是總經理，報告的時機由你決定，你會挑業績最好的時候去做報告？還是業績最不好的時候去做報告？我想大部分的人都會挑業績好的時候去吧！

業績不好的時候誰要去觸霉頭，萬一天不高興，把你給換掉了怎麼辦？

各位認為不可能嗎？《尚書》不就告訴你：「皇天上帝，改厥元子」嗎？皇天上帝把天子給換掉了，於是周就取代了商。所以當然是要等施政最好的時候，天子才去做報告，所謂的封禪基本就是這麼回事。

皇帝既然對天做施政報告，自然希望天能夠獎勵他。秦始皇此時環顧四周，覺得我這天下治理得實在太好了。幾百年以來，天下無王啊！自從周室統治衰落後，天下戰亂不休，今天終於有一個統治者恢復了人類文明世界的安寧，我當然應該要上泰山去進行封禪了。封禪這一天，始皇正是志得意滿的那一刻，結果上天最會給他潑冷水。下山的時候，突然之間狂風暴雨，這對秦始皇來說，實在是太觸霉頭了。

中國人特別相信這個，什麼都可以附會在天象上。以前某一位政治領袖死掉的時候，那一天剛好是下大雨，就一定要說成是天在哭泣。可是等下一位政治領袖，也就是他兒子死掉的時候，那天是大晴天，大家就絕口不提這件事情了。

就從這次巡行起，秦始皇開始了立石刻辭的舉動，刻辭的內容在說什麼呢？我們可以來看看。例如：

泰山刻辭：

皇帝臨位，作制明法，臣下修飭。……

治道運行，諸產得宜，皆有法式。……

瑯邪刻辭：

維廿八年，皇帝作始。……

上農除末，黔首是富。……

功蓋五帝，澤及牛馬。……

始皇在刻辭中將自己統治後的天下，敘述成一個多麼美好的世界。不僅「治道運行，諸產得宜」，都得到最合宜的境況；而且還「黔首是富」、「澤及牛馬」，不僅百姓過得富裕，都生活得非常好，連牛馬都受到皇帝的恩澤。

這也難怪，始皇敢在刻辭中說自己「功蓋五帝」了！

這就是秦始皇對自己施政的評價，所有立石的目的就在歌頌他自己的功德，他的統治到底有多了不起，給老百姓的恩惠有多大。刻在石上，就是為了讓他的功德能流傳千秋萬世。

太史公深知這一點，因此《史記》中描述始皇幾次刻石都說：

> 二十八年，始皇東行郡縣，上鄒嶧山。立石，與魯諸儒生議，**刻石頌秦德**。
>
> 并勃海以東，過黃、腄，窮成山，登之罘，**立石頌秦德**焉而去。
>
> 作瑯邪臺，立石刻，**頌秦德**，明得意。
>
> ……
>
> 三十七年十月癸丑，上會稽，祭大禹，望于南海，而**立石刻頌秦德**。

在史公來看，始皇刻石的目的就是為了「頌秦德」、「明得意」。說實話，如果歌頌內容屬實的話，歌頌自己無可厚非。但問題的關鍵正在於，始皇刻辭中所歌頌的內容是真的嗎？

同樣在這一年的巡行，始皇還做了幾件事。最常被後人提到的，就是他派方士徐市求仙藥，以及在泗水撈鼎不成的故事。但這裡我要提另一件事，就是他面對神祇的態度。

浮江，至湘山祠。逢大風，幾不得渡。上問博士曰：「湘君何神？」博士對曰：「聞之，堯女，舜之妻，而葬此。」於是始皇大怒，使刑徒三千人皆伐湘山樹，赭其山。

始皇要過江，卻碰到了大風，幾乎渡不過去。古人遇到這種事，便會懷疑是因得罪神祇而遭到阻礙。當地的神祇是湘君，於是始皇問隨行的博士：「湘君是什麼神呢？」博士回答：「湘君原是堯的女兒、舜的妻子，後來葬於此地。」

始皇聽了大怒，他可是「功蓋五帝」的皇帝，堯舜都不放在眼裡，怎麼能被堯的女兒、舜的妻子所欺？於是他下令要刑徒三千人，將湘山上的樹全部砍光，做為對湘君的懲罰。

在我來看，這一刻是始皇一生的顛峰，他連神祇也不放在眼裡！只要阻礙他的，就算是神鬼也要被他踩在腳下！

在中國傳統的語彙中，「顛峰」並不是一個好詞，因為這代表了接下來只能走下坡。所以在過去，很少會恭維人「如日中天」，這等於咒他後面只會「夕陽西下」。如果真的要恭維人，就會對他說「如日東升」，接下來能步步高升，一天會比一天更好。

是的，我說「這一刻是始皇一生的顛峰」就是這個意思。接下來的秦始皇，只會一天比一天糟糕，直到他離開人世，直到秦朝滅亡為止。

始皇的選擇？

二十九年，始皇東游。

這一年他又到東方巡遊，先在博狼沙（也就是博浪沙）中被人刺殺，「為盜所驚，求弗得」。當然各位都知道這位「盜」是誰，他就是我們大家都很熟悉的張良大哥了。這時天下大舉搜捕他，而卻如我前面所講的，這位大哥正「從容步遊下邳圯上」，真是何等膽氣！

從史書來看，博狼沙刺殺事件似乎沒有影響始皇的巡行。他到各地繼續刻辭，文中仍然充滿對自己的歌頌。直到這一刻，他仍深信自己的統治是如此的完美而偉大。

三十年，無事。

各位注意了，這一句是重點。

我想有朋友看到這裡，一定會問：「無事還能叫做重點？」那是因為各位不明白中國的傳統史法。

在《史記》中，本紀體通常是編年記事。但如果那一年沒有什麼事，一般都會跳過去，直接記載後面有事的年份。可是這一年明明沒有事，為什麼史書還會特別記載「無事」呢？

這代表史家認為沒有事正是一件大事，因為始皇即位以來，連年有事，百姓疲於奔命。難得有一年終於沒事，老百姓可以休養生息，所以是史家所認為的大事。

讀中國史書，一定要明白什麼是中國的史法。有時候你認為沒有意義，史家卻特別強調，裡面多半隱藏著重要的意義。

> 三十一年，……，始皇為微行咸陽，與武士四人俱，夜出逢盜蘭池，見窘，武士擊殺盜，關中大索二十日。米石千六百。

這一年始皇不知為何大發雅興，居然微服出行去巡視咸陽。

先跟各位講個笑話，在明清時代考科舉，為了怕冒名頂替，需要寫明考生的容貌特徵。有一個考生去考試，考官卻不讓他進場，原因是他的特徵寫的是「微鬚」，可是考生卻留了小鬍子。

等一等，「微鬚」不就是留了小鬍子的意思嗎，為什麼考官不讓他進場呢？因為這位考官認為，「微鬚」是沒有鬍子的意思，《論語》中不是說「微管仲，吾其披髮左衽矣」，「微」就是沒有的意思嘛！

這位考生聽了後，真是目瞪口呆。他只好反問考官：「那麼請問孔子微服過宋，難道是不穿衣服過宋國的意思嗎？」

中國歷史悠久，文化積累太深了，每個字都有許多解釋，必須要看前後文才知道。為了避免有朋友誤解，特別聲明，「始皇為微行咸陽」，是穿上一般人的衣服出行咸陽，不是他沒有穿衣服經過咸陽，那就未免太驚世駭俗了。

這次始皇微服出巡，只帶了四名武士，結果在蘭池這個地方碰到了盜賊，居然被盜賊所困，最後武士們奮力廝殺，才擊敗了盜賊。

讀中國書心一定要細，逐字逐句地去體會文字背後沒有說的事情。試問各位，**始皇出行只帶了四名武士，這四名武士的武功會是高強還是低微？**

想當然耳，這四個武士武功一定是高強對吧？始皇不可能帶四個廢物出去，那怎麼保護自己的安全。**再問，這四個武士武藝如此高強，結果盜賊能使他們「見窘」，那麼盜賊的人數是多還是少？**

想必盜賊的人數絕對不少，對吧！否則天下哪有那麼多高手？皇帝帶出去四個高手，結果就被民間兩、三個人打到「見窘」，這未免運氣太差了。最後武士雖然擊殺了盜賊，但從「關中大索二十日」來看，就知道盜賊必有漏網之魚逃掉，否則何必大肆搜捕？

因此各位要注意，就在這一年，就在始皇統治的京畿腳下，就有大規模的盜賊敢在咸陽橫行，你就看他的統治已經到了什麼地步？他前面的刻辭不是告訴你「諸產得宜」嗎？不是說「黔首是富」嗎？

這不是新征服的東方六國，而是始皇統治下的首都咸陽，為什麼盜賊規模會那麼強盛呢？下面史家用五個字給了答案：「米石千六百」，這年一石米的價錢是一千六百錢。

正常的米價是多少呢？這是個很難的問題，因為每個時代的幣值不同，而且史書記載的多半是戰亂或荒年時的特別價格。但我們仍然可以列出各個時代的一般米價做為參考：

春秋中期齊國米價一石是六十二錢半（《管子》）。

戰國早期魏國米價一石是三十錢（李悝）。

西漢文帝時的米價一石是十餘錢（《史記》）或數十錢（《桓子新論》）。

從這樣的價格，各位就可以看出一石米價一千六百錢，是多麼可怕的事。為什麼盜賊橫行？正是因為民不聊生，老百姓只能鋌而走險。連身為征服者的秦國都如此，何況是被征服的東方六國。

你還好意思去跟人家講「諸產得宜」？

你還好意思去跟人家講「黔首是富」？

你還好意思說你自己「功蓋五帝，澤及牛馬」？

講到這一段，或許有朋友會想：「講這一段的目的，就是要告訴我們秦始皇施政有問題嗎？」

不是，我的用意不止如此。

所有的人在做事的時候，其實難免都會碰到挫折。挫折是小事，更重要的是常常在你努力做了很多的事後，最後才發現結果完全不像你想像的那樣。別人對你的實際評價和你自己認為的評價完全不一樣，有時是天壤之別甚至是背道而馳。有的時候你覺得對方很喜歡你，可是突然發現真相是對方討厭你討厭到了極點；有時你自以為做事做得很成功，自以為你很聰明，但在別人眼中這就是一個笑話。

人或多或少都會碰到這樣的問題，但人跟人之間的差別往往不在於遇到不同的問題，而在於面對問題的態度。通常決定你一生成敗的，有兩種不同的態度：

第一種是面對現實，改變自己，去解決問題。

第二種是掩耳盜鈴，設想別人的評價都不正確、都是偏見、都不懷好意，因為各式各樣的目的故意污衊扭曲自己。其實自己做得很成功，都是別人不對，你沒有錯。

你有兩條道路可以選擇：改變自己，或是繼續活在自己的美夢之中。

我講到這裡，可能有人會問：「人人當然都會選擇第一條路，誰會選擇第二條路呢？」

不。按歷史來看，大部分人通常都會選擇第二條路。為什麼呢？因為我還沒說的是，第一條路是很痛苦的。

面對真實的自己、甚至是醜陋的自己，就好像傷口結疤之後，要把疤撕開一樣的痛苦。活在自己的幻想跟美夢之中，永遠是比較快樂的事情，沒有幾個人有勇氣去面對真實的自己。但如果你選擇的是第二條道路的話，那你永遠也不可能改變自己，事情只有一步一步的越來越糟。

我為什麼要講這麼一長段，就是希望各位好好想想。「逢盜蘭池」的不是別人，就是秦始皇自己；一石米價漲到一千六百錢，他更不可能不知道。始皇應該已經意識到了，這個天下完全不像他刻辭中想像的那麼美好。

那麼在這一刻，他會選擇哪一條道路？

人生從你選擇哪一條道路，就決定了你是什麼樣的人。

歷史的諷刺

三十二年，他又繼續到東方巡遊刻石，我們看看這次刻石中說什麼：

碣石刻辭：

……地勢既定，黎庶無繇，天下咸撫。

男樂其疇，女修其業，事各有序。……

刻辭中繼續強調，老百姓完全沒有多餘的徭役，男人都在田疇裡面快樂的耕作，女子也都各守自己的本分，天下真是富裕祥和的景象啊！

秦始皇不是不知道問題，可是當他碰到問題的時候，他選擇的是繼續自欺。秦始皇是笨人嗎？絕對不是。這個人十三歲繼位，二十二歲剷除權臣親政，到最後統一六國，他是絕頂聰明的人，聰明才智絕對在我們十倍以上。可是各位要明白一件事，這個世界上越聰明的人越會自欺，因為他不能忍受自己不像自己想像的那麼聰明。當人走到了這條道路上，他就離悲哀和失敗不遠了。

這一年，始皇命令更多的方士去求仙人不死之藥，求仙之路加速進行了，為什麼？因為他今年已經四十五歲了。看這本書的許多朋友，多半是二十幾歲的年輕人，所以各位沒有感覺。等你過了四十歲，自己身體一天不如一天，離天主越來越親近，你就會明白了。

秦始皇也不例外，他也是人。唐太宗年輕的時候，讀秦始皇漢武帝求不死藥的事蹟，就大罵這兩個人真是愚蠢到了極點，天下哪有不死之藥，怎麼會去相信方士呢？罵得真好，可是唐太宗是怎麼死的呢？「服胡僧長生藥，遂致暴疾不救」。

清朝康熙皇帝年輕的時候，讀唐太宗的傳記，說他一生文治武功很好，就是不會處理家事，所以晚年兩個兒子爭位鬧得天下不寧。罵得真好，那麼康熙晚年他的兒子又怎麼樣呢？人家的兒子兩王奪嫡，他的兒子九王奪嫡啊！

在中國人來看，歷史最重要的是「人」。人就是人，不必把人看得太高，也不必把人看得太低，你必須忠實去認識人到底是什麼，才能真正明白歷史。

結果到海外求仙的方士沒有帶回來不死藥，卻帶回來給他一個壞消息。在海外發現了預言之書，上面寫著：「亡秦者胡也」。

預言書在中國歷史悠久，它最大的特徵就是，你光看字面絕對看不懂是什麼意思，而猜測通常都會猜錯。只有等到最後應驗時，你才會發現原來是這個意思。

按秦始皇的解讀，「胡」就是胡人，因此他為了挽救大秦的命運，決定派大將蒙恬「發兵三十萬人北擊胡」。他猜對了嗎？完全不對，按後人的解釋，秦朝滅亡在他最小的兒子手裡，那個兒子名叫做胡亥。這也是中國預言的特色，預言家怎麼說都是對的。

但有趣的是，秦朝的滅亡和始皇他對外大肆征伐有密切的關係。他因為不想秦朝滅亡，所以才去北伐匈奴，才興建長城、直道等種種大型工程，結果這一切反而加速了秦朝的滅亡。歷史的諷刺，就在這種地方。

三代之事，何足法也？

三十四年，這年爆發了另外一場極為重要的會議，甚至影響了整個中國的歷史。

秦始皇在咸陽宮舉行酒宴，大臣和博士們都前來祝賀。這時有一位大臣周青臣頌揚始皇說：

以諸侯為郡縣，人人自安樂，無戰爭之患，傳之萬世。自上古不及陛下威德。

這句話不必翻譯，相信各位都看得懂。但我要問各位，如果你是秦始皇，在這一刻聽到這樣的話，你會有什麼想法？

不要急，蓋上書，好好想想。想清楚了，再把書打開，看看始皇怎麼想。

據史書記載，他的反應是：始皇悅。

如今盜匪橫行、民不聊生，這算是哪門子的「人人自安樂」？現實已經到了什麼地步，難道始皇不知道嗎？這樣的謊話，他為何會相信？

因為他喜歡，因為他自己也是這麼認為的。在這一刻，他完全不管現實如何，他又選擇了自欺。越聰明的人越會自欺，明白了嗎？始皇的成功，來自於他能以理智駕馭情感，但如今的他已經做不到這一點了。

不過殿上還是有人說出了真話，博士淳于越立刻進言，他說殷周兩代就是因為實行封建，才能享國長久；如今秦不封子弟為諸侯，一旦出現奸臣、篡臣，何以相救？最後他總結說：「事不師古而能長久者，非所聞也。」

淳于越為什麼這樣主張？因為他是博士，熟讀古籍，書中記載的都是古聖先王治國的智慧。而始皇的種種做法都與先王背道而馳，所以淳于越覺得危險。到這一刻為止，其實淳于越的話都還不失為一個良好的建議、忠心的建議。但讀書人就是太多嘴，後面又多一句話：「今青臣又面諛以重陛下之過，非忠臣」。

你建議就建議，罵人幹嘛呢？那不是平白多樹仇敵嗎？這樣周青臣為了表現自己是忠臣，他只能跟你殊死咬下去。更何況你一次罵了兩個人，周青臣如果是奸臣，那受奸臣諂媚還高興的秦始皇，不就是昏君了嗎？

於是始皇再次召集大臣們來議論，這是第二次討論封建和郡縣之爭，但卻惹出來一個從來沒有想到的事情。

各位要特別注意，淳于越原是齊國人，可是從他的話來看，他是真心地在為秦朝著想，他是真心地希望這個王朝能傳之久遠。方法對不對是一回事，但態度對不對是另外一回事。這讓我們了解，秦朝是真的有可能讓天下各國變成一體的，歷史其實是給過秦朝機會的。

但淳于越這樣的進言，卻引來了丞相李斯的嚴厲反擊：

今陛下創大業，建萬世之功，固非愚儒所知。且越言乃三代之事，何足法也？

「三代之事，何足法也」，這正是秦始皇和李斯的心聲，始皇都已經「功蓋五帝」了，何必還去學比五帝更低的三代呢？在他們心中，他們的功業早已遠超前人，又何必學三代呢？這是一個全新的時代，過去一切腐朽落後的存在都應該淘汰，這豈是書呆子所能了解？

因此這場起源於封建和郡縣之爭的會議，接著被李斯導向了另一個可怕的方向：

今諸生不師今而學古，以非當世，惑亂黔首。丞相臣斯昧死言……今皇帝并有天下，別黑白而定一尊。……臣請史官非秦記皆燒之。非博士官所職，天下敢有藏詩、書、百家語者，悉詣守、尉雜燒之。有敢偶語詩書者棄市，以古非今者族。……

這就是國史上赫赫有名的「焚書之禍」。本來討論封建之事，情勢突然急轉而下，我每次讀這段都覺得，李斯這個人恐怕早有預謀，要談這個事情。

李斯認為，今日的學者不想學習秦朝的治道，卻老是用古代的道理來非議始皇所為，例如淳于越就是如此。這只會造成老百姓的困惑和混亂，對統治只會有負面的影響。這個天下只能有一個標準、一個意志、一個聲音，那就是皇帝陛下的標準、皇帝陛下的意志、皇帝陛下的聲音。皇帝說是黑的就是黑的，說是白的就是白的，不需要講道理，只要好好服從就可以了。

為了達到這個目的，就應該徹底毀滅過去的歷史和民間的學術，殺掉任何敢提到古代詩書的人。如果敢用古學非議時政，不只殺掉你，還要把跟你有血緣關係的人統統殺掉。這其實就是李斯在第一次封建與郡縣爭論時所說的：「使天下無異意，則安寧之術也」。

怎樣能讓「天下無異意」呢？秦朝的辦法就是「殺」！寧可錯殺一百，絕不放走一個，這就是秦朝的治術。如果各位不信，可以接著看看秦始皇碰到事情是怎樣解決的，我坦白告訴各位，就是那一百零一招——「殺」。

將這種方法貫徹到底，最後會是什麼結果？
李斯的這個建議有多麼可怕，而秦始皇的反應是什麼呢？
始皇的反應是：太好了，就這麼辦！
為什麼呢？因為始皇統治到今天，在這一刻他終於明白了，要讓天下沒有跟他不同的意見，用法令嚴格控制只是治標，把不同思想的根源徹底剷除才是治本。我坦白跟各位說，始皇真正的理想就是要將過去中國傳承了幾千年的文化徹底滅絕，重新建立一個廉潔、高效、像機械一樣，只服從於一個意志，讓他能夠隨心所欲的國家，這就是西漢董仲舒所說的：「其心欲盡滅先王之道，而顓為自恣苟簡之治。」
這就是秦始皇真正想要完成的目的，他成功了嗎？我坦白告訴大家，他失敗了，因為他注定是要失敗的。為什麼會失敗？因為這根本是違背了人類文明史的進程，違背了歷史的大勢，這種做法是不可能成功的。
不要急，我們繼續往下看。歷史學不講空話，講的每一個道理，都要有實際的例子來驗證。

第六章——人為什麼會被騙？

欲壑難填

三十五年，離秦始皇死只剩下三年。我們看看在嬴政生命中的最後三年，他做了哪些事情？

在這一年，始皇發動了許多規模宏大的工程。第一項是直道，這是一條從秦國首都咸陽直接通往北邊邊境的道路，為什麼叫「直道」呢？因為這條道路基本上是「筆直的」。

各位聽到這句話大概會覺得奇怪，道路怎麼可能是「筆直的」呢？當時的科技這麼落後，道路總得碰到山吧，總得碰到河谷吧，碰到山跟河谷時難道不用繞路嗎？

如果你們會問這樣的問題，那就太小看秦始皇了。秦始皇是怎麼做到這一點的？很簡單，《史記》只寫了七個字：

塹山湮谷直通之。

始皇的命令是，看到山就把山給我剷平了，看到谷就把谷給我填滿了，總而言之，這條道路一定要筆直地通到北方的邊境去。從這裡就可以看出秦國的特色，只要是秦始皇想要完成的事情，無論花費多大的代價，他一定要做到！

這樣的精神到底好不好呢？對於擁有這種精神的人當然好，這是很難得的特質。從歷史上來看，要成為成功人物最重要的人格特質，就是百折不撓。人生哪有不碰到挫折的，差別只在於有的人遇到挫折就被打倒，有的人卻永遠不會被挫折打倒。這種百折不撓的人，始終相信自己必然能夠排除萬難達到目的。

但問題是，不是每個人都願意跟你這樣玩的。你玩這麼大，不惜付出一切代價也要完成目標，老百姓怎麼受得了這樣折騰呢？在當時科技落後的情況下，「塹山湮谷直通之」這七個字背後有多少的血淚？

第二項工程，則是鼎鼎大名的「阿房宮」。為什麼要建築阿房宮？因為始皇嫌秦國現有的宮廷太小。

等等！前面不是已經說始皇把各國宮廷都搬到咸陽了嗎？還把各國的美人鐘鼓都填進去了，當年各國國王的享受全部集中在他一個人身上，他怎麼還會覺得咸陽的宮廷小呢？答案很簡單，就是我前面說過的那四個字：「欲壑難填」啊！人的欲望是永遠永遠不能滿足的。

●清・袁耀《阿房宮圖》

《韓非子》裡面有個很有名的故事，商紂王得到一雙象牙筷子，紂王身邊的賢臣箕子聽到這件事就開始害怕恐懼。有人就問箕子，一雙象牙筷子就能讓你恐懼，你也太誇張了吧？

為什麼箕子的反應會這麼激烈呢？他說：

有了象牙筷子以後，就一定要犀角玉杯才能夠配得上這雙筷子。
有了犀角玉杯以後，就一定要山珍海味才能夠配得上犀角玉杯。
有了山珍海味以後，就一定要錦衣華廈才能夠配得上山珍海味。
要得到犀角玉杯、山珍海味、錦衣華廈，就勢必要橫徵暴斂。

就從一雙象牙筷子開始，箕子就可以知道結局是什麼，所以才感到害怕。君子見一葉落而知秋，俗人不到滿天風雪不知冬天來臨，這就是有智慧的人跟一般人的不同。

人的欲望無窮啊！這座宮殿，光是前殿就「東西五百步，南北五十丈，上可以坐萬人，下可以建五丈旗」，你看有多麼的壯闊！但秦始皇的欲望不是只有這座大宮殿就完畢了，關中他還蓋了三百個宮殿，關外他還蓋了四百多個宮殿，全國有這麼多的宮殿，就為了他一個人的享受。

讀到這裡就可以明白，這個人統一天下以後，想的不是生民的休息，不是老百姓的苦痛；他滿腦子想的是如何誇耀自己的功業，如何長生不死，如何剷除潛在的敵人，如何建造滿足自己的欲望，這就是秦始皇啊！

成功之前，他能夠不斷地用理智來克制自己的情感。等到成功之後，他就開始放縱自己的欲望了。我們不妨再複習一次尉繚對他的評語：

> 居約易出人下，得志亦輕食人。……誠使秦王得志於天下，天下皆為虜矣。

不過先別急，我還沒有講出他失敗的真正原因。請繼續跟著往下看，自然會告訴各位。

人爲什麼會被騙？

始皇求不死藥多年，卻始終沒有得到，方士們必須向始皇解釋原因何在？是預算不夠嗎？還是人力不足呢？都不是。方士的理由，遠超乎各位所能想像。

方士盧生是這麼解釋的，他說求仙藥不得是因為有鬼物妨害，因此必須不讓鬼物知道人主的所在。這樣鬼物找不到人主，長生不死的真人才會來賜仙藥。所以要得到仙藥，最好的方法是不讓任何人知道始皇人在哪裡。

各位看懂了嗎？看不懂沒關係，因為這根本就是鬼話！這樣的話，連小孩子都未必會相信。試想如果不讓人知道你在哪裡，長生不死的藥就會來，那到山裡隱居的人，不是人人都得長生不死藥了。

可是你猜秦始皇的反應是什麼？他完全相信盧生的話。從此他到每一個地方去，決不讓外人知道他在哪裡，如果身邊有人說出他在哪裡，立刻處以死罪。

我這一段要跟各位說什麼呢？不是告訴你們求長生不死藥的方法，歷史學並沒有教我們這個辦法。重點是要問各位：

一個連小孩子也不相信的謊話，為什麼秦始皇會相信呢？

秦始皇是笨人嗎？當然不是，如我前面所說，他的聰明才智絕對勝過我們十倍。這樣聰明的人為什麼會上當呢？這就是我要跟各位說的，一個從歷史裡面總結出來的道理：

一個人會被騙，絕對不是因為他「笨」，而是因為他「貪」。

越是聰明的人，他的欲望越強烈，也就是越貪，他就越會自欺，就越容易被騙。

因為每個人心裡，都必然有一樣他真正想要的東西。俗話說：「人為財死，鳥為食亡」，你不為財死，不為食亡，那不過是因為「財」和「食」你已經有了。別人引誘你，而你不為所動，那是因為那不是你真心想要的東西。可是你是人，有一天當你真心想要的東西，就出現在你的面前，有幾個人能夠忍住，能夠抵抗這樣的誘惑？

我坦白跟各位說，越聰明的人越抵抗不了這樣的誘惑，因為他覺得這樣東西唾手可得。秦始皇就是這樣一個人，因為他貪，所以被騙上當。更重要的是，他從此不讓人知道他在哪裡，會有怎麼樣可怕的後果。

我們繼續往下看，接下來《史記》插入一個故事，讓各位明白始皇對這件事情實行得有多麼徹底。

有一天，始皇帝到梁山宮這個地方去，從山上看見丞相出行車騎甚眾。古代有地位的人出巡，必然是前呼後擁、車騎開路，有許多前導與扈從的車子，連今天的總統或大官出巡也是一樣的。丞相都如此，何況是秦始皇出去當然車騎更多，各位現在終於明白，為什麼張良當年刺殺的時候會「誤中副車」吧？就是因為車子太多，不知道始皇在哪一輛。

始皇看到丞相出行車騎甚眾，他非常不高興，覺得丞相實在是太過招搖，這不是件好事情。於是有人去告訴了丞相這件事，丞相知道秦始皇不高興，立刻減少了自己的車騎。

始皇發現這件事後，非常生氣，他氣的不是丞相減損車騎，而是到底誰把這件事告訴了丞相？他認為一定是當時在他身邊的人洩露出去，於是開始一個一個去審問，結果沒有一個人承認。

沒有一個人承認該怎麼辦呢？不要急，請把你的書蓋上，設想如果你是秦始皇，你會怎麼做？

不必擔心，答案很簡單。如同我前面所說，秦朝就那一百零一招，哪一招呢？就是「殺」！把書打開，我們來看秦始皇怎麼做。

當是時詔捕諸時在旁者，皆殺之。

我不知道是誰洩密的，總之當時在我旁邊的人都有嫌疑，把有嫌疑的人全部抓起來殺掉，絕對沒有漏網的。各位現在明白，為什麼我前面說，秦朝統治的方法是「寧可錯殺一百，絕不放走一個」了吧！後面還有很多例子，不用急。

從那一天起，再也沒有人敢洩露始皇在哪裡、說過什麼、做過什麼，只有他找人，沒有人找得到他。問題來了，細心一點的朋友就會想，在後宮裡頭也就罷了，那群臣有政事要找秦始皇商議時，該怎麼辦呢？

不用擔心，秦始皇有更徹底的做法，他根本不跟群臣討論任何事情，所有的大臣只能夠接受他的決定。我們繼續看下去，這樣做會有什麼樣的後遺症。

始皇究竟是個什麼樣的人？

在這一年，又爆發了國史上與「焚書」並列的一件大事。

這件事起源於兩個方士的一次談話，這兩個方士叫侯生、盧生，談話的主題是「始皇究竟是個什麼樣的人」？

《史記》並不是誰的談話都記載，記載或不記載往往都有它的道理。章學誠說：「古人之去取，古人之心也」，說的正是這個道理。許多時候，《史記》中記載一段對話，是希望藉他人之口，來表達史家對於那個人物的評價，這就是顧炎武所說的「寓論斷於序事之中」，這是中國傳統的史法。

《史記》前面已經借過尉繚之口，來告訴你秦始皇是一個什麼樣的人。現在再借侯生、盧生之口，再告訴你秦始皇是什麼樣的人。這一段話，我們全文照載：

> 始皇為人，天性剛戾自用，起諸侯，并天下，意得欲從，以為自古莫及己。專任獄吏，獄吏得親幸。博士雖七十人，特備員弗用。丞相諸大臣皆受成事，

倚辨於上。上樂以刑殺為威，天下畏罪持祿，莫敢盡忠。上不聞過而日驕，下懾伏謾欺以取容。

始皇為人，他的天性本就剛戾自用。他所有想要完成的事全部都得到，所有的欲望都能夠放縱去執行，因為他是皇帝，全天下所有的資源都要供應他一個人享受。至於老百姓要為他的欲望付出多大代價或死多少人，他一點也不在乎。

統一天下、結束戰亂，是始皇莫大的貢獻，但試問各位，統一天下就是為了這樣的結果嗎？大家想要的是這樣的世界嗎？

秦始皇並沒有因為欲望的實現，就覺得滿足了。欲望滿足了之後，還有更多的欲望，欲望永無止境地擴張，他要北伐匈奴、南征百越、築阿房宮、築始皇陵、築長城、築直道、築馳道……這樣的人如果真的長生不死，會有什麼結果？

始皇為什麼會走到這個地步，關鍵就在後面這七個字：「以為自古莫及己」，我說過這是秦始皇最強烈的特質，在他的心中，古往今來再也沒有人能夠比他更偉大了。既然沒有人比他更偉大，他所有的決定必然是最高明的，沒有人的決定比他更加正確，他是世間最英明最有智慧的人。

「專任獄吏，獄吏得親幸」，什麼叫獄吏？獄吏是管監獄的官員，管監獄的官員哪有什麼思想？上面叫他怎麼做，他就怎麼做，只有這類的人最得到他的喜愛。有思想的人呢？「博士雖七十人，特備員弗用」，博士是顧問，基本上就是顧而不問，反正把他們養在那裡就是了。始皇從來不聽從博士的意見，因為博士哪有他英明呢？見識哪有他高呢？這不過就是一群念古書的書呆子，記不記得李斯的評價：「固非愚儒所知」，一群書呆子哪裡了解當今領袖的英明呢？

上有所好，下必甚焉，始皇只喜歡聽話的臣子，所以從丞相以下的每一個大臣統統聽話，不去判斷任何事的是非，不敢加入任何不同意見，因為始皇已經都幫他們決定好了。

始皇做為領袖，他還有一個特別之處，注意下面這一句，他的性格「樂以刑殺為威」。以刑殺為威不可怕，可怕的是那個「樂」字，刑殺是一件讓秦始皇覺得快樂的事情。像這樣的一個君主，你跟在他身邊，說錯一句話，擺錯一個表情，做錯一件事，他立刻就會用刑殺來對付你。

上有政策，下有對策，那大家怎麼辦呢？上「樂以刑殺為威」，於是「天下畏罪持祿」。害怕獲罪，又想保持著自己的俸祿，所以「莫敢盡忠」。多可笑啊！始皇的目的，就是要大家盡忠，不敢為奸為非，但這樣做的結果卻是大家「莫敢盡忠」。沒有人敢把自己真正的想法坦露給他，唯恐一句話說錯就招來殺身之禍，只能唯唯諾諾。

始皇再也不知道自己有過錯，就算做錯事情了也沒有人敢說，他就更覺得自己永遠是對的，於是一天比一天驕傲。所有的臣子也都只敢懾服於刑殺之威，每天拚命地講假話討他高興，還記得周青臣嗎？他便是如此。只要能讓皇帝高興，就能保持榮華富貴；皇帝一不高興，那就「樂以刑殺為威」了。

一個越來越驕傲的君主，和一群只知道逢迎欺騙的臣子，究竟會把這個天下帶到哪裡去？我們繼續往下看。

誰還敢說眞話？

侯生、盧生的話還沒講完，你們再來看看下面這一段。

秦法，不得兼方，不驗輒死。然候星氣者至三百人，皆良士，畏忌諱諛，不敢端言其過。天下之事無小大皆決於上，上至以衡石量書，日夜有呈，不中呈不得休息。貪於權勢至如此，未可為求僊（仙）藥。

「不得兼方，不驗輒死」，什麼意思呢？

在始皇陵兵馬俑一號坑中，曾經出過一把青銅劍，歷經兩千餘年埋藏侵蝕，出土時依然光亮如新。考古人員曾經做過實驗，用這把劍輕輕一劃，一口氣可以劃破十九張紙。

這把劍何以如此銳利？因為它的表面鍍了一層鉻，這種鍍鉻的技術是一九三七年德國科學家才發明的，而我們中國人在西元前兩百多年就有這種技術了。為什麼當時的工藝可以這麼好呢？原因就在法律，始皇的時候規定任何方士只能有一樣才藝，因為專心才能精益求精。但如果經過考核後，發現你的專門才藝沒有那麼好，怎麼辦呢？那就立刻殺掉，因為秦朝不養廢物。

因為這個辦法，秦朝做出來的東西比歷朝歷代都要好。順便閒話提一下，在我所知道的中國歷史上，還有另外一個朝代的工藝，可以跟秦朝媲美。五胡十六國時，有一個由匈奴人赫連勃勃所建立的國家叫做夏，史書上記載當時大夏的兵器冠絕諸國，為什麼呢？因為赫連勃勃有一個規矩，例如弓箭製作後必須去射鎧甲，如果射不入鎧甲，就殺弓匠；如果射入鎧甲，就殺鎧匠。所以兩邊的工匠卯起來玩命地做，品質之精良沒有人強得過他，這就是當時讓工藝精良的秘密。這種做法下，工藝當然精良，可是誰受得了？

有的朋友讀到這裡，就不免問另一個問題，中國在西元前兩百多年就有這樣的技術，為什麼後來會失傳了呢？在下一章，我們就會談到這個問題。答案很簡單，因為那一批秦國最好的工匠，後來都被秦二世殺光了，統統陪葬在秦始皇的陵墓裡面，中國古代最高的科技幾乎全部失傳，這是科技史上的莫大浩劫！

好，在這種「不得兼方，不驗輒死」的法律規範下，大秦選出來的每一個都是第一流的人才，包括幫始皇占星算命的三百人都是，因為不及格的人都已經死了。可是有講真話的沒有？沒有。

每一個人都擔心觸犯忌諱，只敢諂諛秦始皇，順著他的意思，不敢提到他的過錯，這是多可怕的事情！可是我可以告訴各位，這種事情往往是歷史的常態。

以前我的古文字學老師曾經告訴過我，商代人用甲骨占卜並記載結果，在商代中期占卜結果往往有吉有凶，可是到了商末越是危機四伏、風雨飄搖的時候，占卜結果幾乎全部都是吉。

是因為占卜結果真的如此嗎？從機率來看，大概是不可能的，恐怕是因為占卜的人也不敢講真話。國家越危險的時候，反而越沒有人敢講真話，於是就讓國家更加的危險，這才是最可怕的地方。

始皇並不是不勤政，朝廷上不管大小事情都由秦始皇一個人來決定。以前的公文是寫在簡牘上，始皇用一個天平來秤公文的重量，每天不批改完固定重量的公文絕不休息。但勤政的另一方面，你就可以看出他的個性了。這個人事必躬親，他不放心別人，什麼事都要自己來管。為什麼呢？還是那個老毛病，因為他覺得沒有人比他強，別人做的事沒有一樣比他更好，他不自己來管怎麼行呢？別人都是廢物，只有他最英明。

歷史上還有誰是這個毛病？三國時的諸葛亮也有這個毛病。司馬懿聽說諸葛亮每天吃得很少，卻連軍中小事都要親自過問，於是感慨地說：「食少事繁，豈可久乎？」斷言諸葛亮不會長命。

為什麼諸葛亮要如此？因為諸葛亮也覺得整個蜀國沒有一個人比他好了，他不來管怎麼辦，他不放心別人。你當然可以不放心別人，可是你不給別人機會歷練，那人才怎麼培養出來？這樣的結果，最後只有你自己累死。諸葛亮就是累死的，而秦始皇離死也就只剩兩、三年了。秦始皇十三歲即位，即位三十七年死，死時也不過就是五十歲左右，以一個皇帝來說，實在是算不上太長命。

但他這麼勤政，別人就感恩嗎？沒有。你看侯生、盧生怎麼說他：「貪於權勢至如此！」你說這是污衊嗎？其實也不是，這是一體的兩面，都對。你說他勤政也沒錯，你說他貪於權勢也沒錯，總之這個人是不讓別人拿主意，大小事他都得自己控制的性格。

這種人真的長生不死那還得了，那豈不是天下永遠都要做他的奴隸嗎？所以侯生、盧生下定決心，不可以幫這種人求不死藥，兩個人就逃跑了。秦始皇聽見他們兩個逃跑，非常非常地生氣。為什麼生氣呢？因為這件事實在是太丟人了。

記不記得前面尉繚也要逃跑，他成功沒有？沒成功。為什麼沒成功？因為秦始皇早就預料他要逃跑。侯生、盧生比尉繚聰明嗎？恐怕也沒有。可是侯生、盧生逃跑成功沒有？他們逃跑成功了。為什麼逃跑成功？因為這次秦始皇沒有料到這兩個人會逃跑。很簡單嘛！出乎他人意料之外就叫「先」，我不是開始就已經跟各位說了嗎？

始皇自覺他對這兩位方士百般地好，他不相信這兩個方士會逃跑，所以沒有防備。結果這兩個人真的逃跑了，這不是讓秦始皇覺得被打臉嗎？你不是算無遺策嘛？你不是人世間最英明的人嘛？現在這兩個你所重用的人逃跑了，恰恰證明了你沒有那麼英明。

面對這樣的結果，秦始皇會怎麼辦？

始皇花費了無數的國家預算，結果連不死藥的影子都沒看到，結果他「尊賜之甚厚」的方士們還在背後罵他。這兩個人逃跑了，抓不到怎麼辦？不要急，蓋上書，去設想秦始皇會怎麼辦？

當然還是那一百零一招──「殺」，你們讀到現在應該已經都很熟悉，不用我再講了。只要帶點關係的人，統統抓出來殺光，於是始皇將在咸陽的方士們，包括各式各樣的學問家，全部抓起來審問，要他們檢舉別人，不管是真的假的、冤枉的不冤枉的，總之就可以牽連一大堆人出來，最後總共抓了四百六十多人，然後全部在咸陽坑殺，這就是國史上所謂的「坑儒」事件。

寧可錯殺一百，絕不放走一個，這就是秦始皇解決事情的方法。簡單、強力、有效率，我說過秦始皇想建立一個這樣的國家。

這種做法完全殘忍而不通人情，各位還記不記得前面說的「刻削毋仁恩和義」？《史記》的文字為什麼好，它往往是先虛寫，再實寫。「刻削毋仁恩和義」，這叫虛寫；後面用無數的例子，來印證他前面說的話，就叫實寫。歷史學不講空話，每一個道理都要用實際的例子來驗證。

為什麼要把這些人「皆坑之咸陽」，是因為這些人罪有應得嗎？不是。是為了「使天下知之以懲後」，也就是殺雞儆猴，讓天下看到這些人的例子，再也不敢說始皇的任何不是。

但試問各位：就算天下所有的人都不敢講真話，可是有一個人他應該要講真話，哪個人是誰？

是的，那個人就是他的嫡長子扶蘇。

於情，他是始皇的親生兒子，別人不敢講真話，父子之親能不講真話嗎？

於理，他是皇長子，他有責任應該對皇帝提出諫言。

於法，將來他最有可能繼承這個國家，他不能放任這個國家基業，這樣繼續敗壞下去。

於是扶蘇終於跳出來講了真話，他諫勸始皇說：

> 天下初定，遠方黔首未集，諸生皆誦法孔子，今上皆重法繩之，臣恐天下不安。唯上察之。

天下才剛剛平定，遠方黔首百姓都還沒有真心集附秦朝。各位注意這個「集」字，它原來寫成「雧」，是很多鳥聚集在一個樹上的意思。為什麼古人造字要這麼造呢？因為飛鳥是最容易受驚的動物，還記得那個老笑話嗎？一棵樹上有十隻鳥，獵人開槍打死了一隻鳥，請問現在樹上還剩幾隻鳥？

只要稍微使牠們驚慌，樹上的鳥就會統統跑光光，這就是「集」字之難。要包含多少愛心和耐心，才能到達「集」的效果，這就是古人造這個字的用意。

而如今不止百姓尚未集附，就連讀書人也都誦法孔子為仁之道，對於秦朝的重法極為反感。始皇對付這些人的方法，一律是嚴刑峻法解決，天下就更加恐懼，不肯真心歸附。如此一來，大秦要花多久才能真正安定天下？

「唯上察之」，扶蘇這話講得多麼委婉，多麼替秦始皇著想。當普天之下，再也沒有一個人敢跟他說真話的時候，只有親生兒子敢跟他說真話，而始皇的反應是什麼呢？

始皇怒，使扶蘇北監蒙恬於上郡。

始皇非常非常地憤怒。

這小子怎麼敢跟我講這樣的話？他憑什麼認為他比我更英明？他憑什麼認為他的決定比我更正確？他怎能明白我所作所為的無比正確和偉大？我功蓋五帝，是古往今來最英明偉大的人，世上沒有任何人可以說我錯了！這就是秦始皇的心態。

他不能殺他的兒子，他只好把扶蘇遠遠地打發到北方的邊境去，去做蒙恬的監軍。他再也不想看到令他討厭的人，只好眼不見為淨。

我每每讀到這裡，都不禁廢書而嘆。這是最後一次有人對秦始皇說真話，也是最後一次秦始皇有機會救他自己，歷史不是沒有給過他機會，而他還是放棄了。

「天作孽，猶可違。自作孽，不可活」。嬴政，已經沒有人救得了你了，因為你自己不想救你自己。

第七章——驕傲與滅亡

今年祖龍死

三十六年，離秦始皇生命結束就剩兩年不到。

這一年，對秦始皇而言基本上就沒好事。先是天上掉了一顆隕石在東郡這個地方，結果不知哪位百姓，在石頭上刻了「始皇死而地分」六個字。這不但是觸始皇的霉頭，更重要的是會造成篤信天命的百姓們的恐慌。

秦始皇聽說了這個事情，立刻派御史到東郡去，務必找出是誰做的。結果御史一個個審問，當然不會有人承認。

讀到這裡，請把書蓋起來，你覺得接下來秦始皇會怎麼做？

當然各位都很聰明，一定能猜出來秦始皇會怎麼做。這時我們把書打開，看看始皇的做法：

盡取石旁居人誅之，因燔銷其石。

果然沒錯，還是那一百零一招。只要在隕石周圍方圓多少里內的居民，全部抓出來殺光光就行了，而那塊萬惡的隕石更要徹底毀掉，這就是秦始皇解決事情的方法。

這樣大家明白了吧，分析歷史人物一點都不難，因為各位已經揣摩出了他慣用的處事模式，所以次次都能答對。

說實話，我想各位聽了這麼多遍，再怎麼樣也能猜對了。不過光是知道他的做法還不夠，學歷史需要「原始察終」，我們還得知道這樣做會有什麼樣的結果。歷史上有太多自以為執掌力量的人，都喜歡用力量來輾壓一切，因為這樣解決問題最簡單直接，可是這樣做會有什麼樣的後遺症呢？

始皇雖然殺了所有可疑的人，也毀掉了石頭，可是他心中還是不快樂。為什麼呢？因為一件又一件讓他不順心的事情不斷發生，他當然不會快樂。這麼多年來，他「意得欲縱」，他已經習慣每一件事情都要順著他的心意去發生，他怎能容忍這樣的情況？

他要如何解決自己的「不樂」呢？前面我們說過的兩條道路，一條是面對現實改變自己解決問題，另外一條道路是繼續回到自欺的快樂溫暖懷抱裡面去。結果始皇的做法是，命令博士作「仙真人詩」，所到之處都叫人奏樂唱給他聽，不斷地反覆告訴他，他就是神仙，他就是真人，他一定能得到他所想要的東西。自欺欺人，就是始皇最後的選擇。

其實我說實話，始皇是那麼聰明的人，他難道不知道天下已經到了瀕臨崩潰嗎？他心中比誰都清楚，只是不願意去承認真相而已。為什麼呢？因為承認真相太痛苦，只有自欺才是讓自己活得最快樂的方法。

這樣的人，在歷史上太多太多了。歷史本就是「古今一體」，什麼叫做「古今一體」？古今碰到的問題往往是相同的，差別只在於解決方法的不同。要歷史讀起來有用，就是要去看我們面對的問題，過去曾經有什麼樣的人碰到過？他們用過什麼樣的方法來解決？成效如何？我們今天又該用什麼樣的方法來解決？

選擇自欺欺人，問題就能解決嗎？我們來看看這年秋天發生了什麼事。

這年秋天，有名使者從關東回來，夜晚在道路上突然間出現了一個人擋住他的去路。這人手上拿著玉璧，跟他說了一句很神秘的話：「今年祖龍死」。使者覺得非常奇怪，結果這個人忽然在他面前消失了，只有這個玉璧留在原地。

這件事太神奇了，使者不敢隱瞞，只好獻上玉璧並稟告始皇此事。

讀到這一段，請各位把書蓋起來，猜猜始皇會如何反應？

聰明的各位大概會想，很簡單，一定是把發生地點周圍的人統統抓出來殺光吧！

不好意思，這次各位猜錯了。我們打開書來看看：

始皇默然良久。

嬴政一句話也沒有說，沉默了很久很久很久很久。

為什麼呢？你很聰明，你可以自欺，可是因為你的自欺，現實只會不斷惡化。總有一天，你會承受不了的。到了這一刻，始皇終於承受不下去了，因為這些詭異的事情，在他來看是如此地不可思議，又如此地讓他聞之驚心，他實在沒有辦法再告訴自己這都是假的。

如何知道呢？我們看始皇聽了這句話，他怎麼說？他先說：「山鬼固不過知一歲事也」，接著又說：「祖龍者，人之先也」。什麼意思呢？

誰是祖龍？按傳統的說法，祖就是始，龍就是皇帝，祖龍就是始皇帝，「今年祖龍死」就是今年始皇帝要死掉。

秦始皇這麼聰明，他難道猜不出來嗎？他當然猜得出來，只是他故意要講成另外一個解釋。他說，祖龍指的不是始皇帝，而是「人之先也」，總而言之，跟我無關。什麼叫做「山鬼固不過知一歲事也」？他要告訴自己，那個神秘人不是神仙而是山鬼，山鬼只知道今年會發生的事，過了今年，明年的事他就不知道了。

為什麼這麼說呢？因為秦國的曆法跟後來歷代的曆法不太一樣，後來的曆法是以正月為一年的第一個月，秦國則是以十月為一年的第一個月。這件事發生在秋天，離十月過年已不太遠。山鬼既然只知道今年的事，那麼只要今年自己不死，這預言就不算數了嘛！

我詳細解釋這兩句給各位聽，就是讓各位明白這個人是何等的自欺欺人。他自己也知道這是真的，否則他何必「默然良久」？他想了那麼多的藉口，反覆地安慰自己，這跟走夜路吹口哨，拚命告訴自己不怕鬼，不是差不多嗎？越是吹口哨告訴自己不怕鬼的人，不就越怕鬼嗎？

你可以欺騙得了天下的人，但你真的欺騙得了自己的心嗎？

始皇接下來命令御府檢查這塊玉璧，他自己也知道這個事詭異，嘴巴說不相信不相信，但如果真的不相信，又何必命令御府檢查玉璧。結果檢查的人告訴他，這是二十八年過長江的時候，就是秦始皇沉入江中，用來祭祀江神的那塊玉璧。

八年前沉入江中的玉璧，現在突然之間又出現在他的面前，始皇這次真的嚇壞了。只好趕快找人占卜，結果占卜出來的結果是「游徙吉」，於是始皇為了趨吉避凶，決定再次出去巡遊。

事實上，如果他待在咸陽，說不定秦朝還有其他的機會。但恰恰就是因為他這一次的決定，才加速了秦朝滅亡的命運。

始皇之死

三十七年，嬴政終於迎來他生命的最後一年。

始皇為了這次的巡遊，決定了一個隨行的名單。當時有左右兩個丞相，一個叫馮去疾，一個叫李斯，他只能帶一個丞相去，另外一個丞相要留守咸陽。最後始皇決定他要帶李斯去，把馮去疾留在咸陽。從後面發生的事情來看，這個決定是錯誤的。如果他帶的不是李斯，而是馮去疾，說不定歷史就是另外一個樣子了。

他還決定帶他最小的兒子胡亥一起去，因為他特別喜歡這個小兒子。從歷史來看，男人似乎最喜歡的都是比較小的兒子，例如春秋時吳王壽夢最喜歡小兒子季札，三國時袁紹最喜歡小兒子袁尚，劉表最喜歡小兒子劉琮，歷朝歷代也大都如此。

除了李斯、胡亥之外，隨侍在他身邊的還有負責掌管玉璽的趙高，這三個人就構成了後來的「亡秦三人組」。

始皇帝十月出發，就在經過浙江時，遇到了大風浪，只好繞過西邊一百二十里，從狹窄的地方渡江。接下來的事，各位要特別注意了，始皇居然「上會稽，祭大禹」！

各位還記不記得，當年秦始皇第一次巡遊過江的時候，當時也「逢大風，幾不得渡」，始皇那一年怎麼解決這個事情嗎？他非常生氣，把湘山的樹都給砍光，用來懲罰湘君。那是他一生的顛峰，連神祇也不放在他的眼裡。

而如今他一樣過不了江，他卻去祭祀大禹。他這一次怎麼沒有把會稽山給燒了呢？讀到這一段，聰明敏感如各位，應該感覺得出來，秦始皇已經氣衰了。

他那麼強悍的人，那麼堅定的性格，到這一刻他終於承受不了，軟弱下來了。為什麼呢？人終究不能一直跟現實作對，你可以自欺，但現實不會因為你的自欺就變好。問題如果沒有解決，它只會不斷惡化下去，終有一天你會承受不下去的。

這不是靠著一味強悍的意志力，就能夠解決問題的。如果不改善現實環境，意志力終究只能夠撐一時。老子說得多好：「飄風不終朝，驟雨不終日。

孰為此者？天地。天地尚不能久，而況於人乎？」

接著始皇又「望於南海而立石刻頌秦德」，這個是他始終一生念念不忘的事情。這時大概是因為始皇的健康因素，他對不死藥的需求越來越急，方士徐市等出海花了很多錢，卻始終沒有得到不死藥，又怕秦始皇譴罪他們。於是：

乃詐曰：「蓬萊藥可得，然常為大鮫魚所苦，故不得至，願請善射與俱，見則以連弩射之。」

各位請注意這個「詐」字，將它先記下來，這是《史記》的一個伏筆。到下一章我會再向各位說明，這個字到底是什麼意思。

徐市說，蓬萊仙山的不死藥其實是可以得到的，只是我們去海外仙山的途中，常會碰到大的鮫魚，就是因為牠常常阻礙我們，才到不了仙山。希望秦始皇派善射的人一起去，用連弩去射殺大鮫魚。

結果秦始皇「老年聊發少年狂」，居然決定自己出海去射大魚。結果到

●清·袁江《蓬萊仙島圖》

之罘的時候，真的遇見巨魚，始皇親手將牠射殺了，他這一年已經將近五十歲了，你看氣勢多麼豪壯！

問題是，你逞強可以，但身體是受不了的。於是航海回來後，他立刻在平原津就病倒了。哎呀，嬴政，年紀大了就不要勉強了！

始皇這一次病得很重，離死已經不太遠了，但這時帝國還沒有立太子。扶蘇只是長子，他並不是太子。為什麼呢？因為始皇覺得他自己不會死啊，幹嘛要立太子呢？更麻煩的是，他還非常厭惡別人在他面前提「死」這件事，所以群臣當然不會有人去問「如果陛下死了以後，帝國要怎麼辦？」這類問題。

你不說，大家也不敢說，並不代表你不會死。人，終究是要死的，誰也不會例外。別人不敢問，扶蘇也不在身邊，那秦始皇終究還是得面對這個問題。他已經病到實在沒辦法了，知道自己已經死定了，到最後一刻才決定賜璽書給長子扶蘇，命令他回咸陽主持葬禮。

璽書已寫好函封，就等著被送出去。問題是，當時掌管皇帝玉璽的人叫趙高，他蓋印後卻遲遲不發。為什麼不發出去？因為在這一刻，趙高產生了一個大膽的念頭，他知道秦始皇快要死掉了。他打算等上幾天，如果秦始皇真死了，他另有打算。

七月丙寅，始皇崩於沙丘平臺。

秦始皇終於死了，但故事還沒結束。要了解一個人物，必須連他死後造成的影響一併考慮進去。

始皇一死，巡行隊伍中位置最高的人物便是李斯，李斯卻決定「密之不發喪」。為什麼呢？他的理由是「恐諸公子及天下有變」，所以除了「胡亥、趙高及所幸宦者五六人」外，不讓任何人知道始皇駕崩的消息。

在此又要請問各位，你們覺得李斯這樣做，是對還是不對？

這是一門用思辨學習歷史的課程，每讀一段，都得問自己問題，「思辨」才能開始。李斯這樣做究竟是對還是不對？我們按正面想，確實當時天下情勢不安，李斯害怕讓大家知道秦始皇在外死了，野心家會乘機生事，「密之不發喪」沒什麼不對吧？

如果各位這麼想，恐怕想得還不夠細。為什麼呢？你可以隱瞞天下人、隱瞞諸公子、隱瞞大臣們，那都沒有錯。可是有一個人，你是萬萬不應該隱瞞的，那個人是誰？這個帝國的真正繼承人扶蘇。

前面不是說出了李斯外，只有「胡亥、趙高及所幸宦者五六人」知道嗎？可見李斯沒有通知扶蘇。如果你李斯有一絲一毫的公心，在那一刻你可以誰也不說，但你不能不告訴扶蘇。你可以隱瞞得了天下人，你應該隱瞞扶蘇嗎？所以從這件事，明眼人就可以斷定出來一點——李斯有異心！

於是趙高和胡亥密謀，最後他還說服了李斯：

陰謀破去始皇所封書賜公子扶蘇者，而更詐為丞相斯受始皇遺詔沙丘，立子胡亥為太子。更為書賜公子扶蘇、蒙恬數以罪，賜死。

他們就這樣幾個人串聯，把胡亥捧上了大位。趙高這麼做不奇怪，因為他曾擔任過胡亥的老師，與他關係匪淺。但我第一次讀這段時，就不免想到一個問題：

為什麼趙高敢大膽去說服李斯篡改遺詔？

歷史就是研究人的學問，你要明白人性，你才明白什麼叫做歷史。各位要往深處想，李斯是丞相，地位比趙高高得太多，趙高為什麼有膽子敢做這樣的事？李斯和始皇數十年君臣不離不棄，始皇將他從一個舍人提拔成為丞相，可以說就算始皇對不起天下所有人，也絕對沒有對不起李斯，如果他有一絲一毫的忠心，趙高的下場會是什麼？

說得更清楚一點，只要李斯不同意，趙高與胡亥的密謀，絕無成功的希望。李斯才是這場密謀中真正的關鍵人物，大秦之亡，不亡於趙高與胡亥，而正亡於李斯。

但是蒼蠅不抱沒縫的雞蛋，李斯到底是什麼地方露出破綻？我想，正是他的不願通知扶蘇，才被趙高看出來，原來李斯也不希望扶蘇繼位。

再問各位，你們覺得扶蘇收到賜死的命令後，他會怎麼做？

各位要明白，扶蘇此時並不是無權無勢的柔弱公子。扶蘇不僅為人「剛毅而武勇」，更重要的是他身邊有三十萬大軍，還有秦朝最強的大將蒙恬！

結果扶蘇竟然真的就這樣自殺了，詔書叫他死他就乖乖去死。他的死使得秦朝的命運走向了不可挽救的地步。皇長子收到命令，連復請都不敢，立刻就服從命令自殺，秦法之弊，實在可驚可怖。

根據《史記・李斯列傳》的記載，知道扶蘇已死的消息後，「胡亥、斯、高大喜」，大喜啊！你李斯怎麼能「大喜」？連漢高祖聽到呂后殺韓信的消息，都還知道「且喜且憐之」，你李斯聽到始皇的親生兒子、帝國真正的繼承人冤死，竟連一絲哀憐之意也沒有，真是禽獸不如！

為了騙過天下人，李斯、趙高和胡亥將始皇的遺體放在車上，繼續巡遊的行程。不管到哪裡，都假裝秦始皇還活著，照樣把食物送進車上。百官也像平日一樣奏事，由車內的宦官冒充始皇來批閱公文，再交給大臣們去執行，沒有人發現始皇已死。

各位可能會說，這怎麼可能呢？只要有一個大臣當場詢問一個問題，這不就穿幫了嗎？

放心好了，不會有人問的。各位忘了嗎？以前秦始皇不是曾經下令，不讓任何人知道他在哪裡，因此百官不能和他討論政事，只能接受他的決定。

各位現在知道，為什麼始皇死了以後，沒有人懷疑他已經死了嗎？因為在這一刻，他所作所為跟他活著的時候是一模一樣的。沒有人能見到他，沒有人能夠跟他討論事情，所有人都只能接受他的決定。這麼做最後的結果，就是把自己和大秦的命運全部都給斷送了。

始皇怎會讓自己落得這樣的下場？

秦始皇在三十六年秋天從咸陽出發，進行他人生最後一次的巡遊。等他死在沙丘時，已經是三十七年的夏天了。

李斯、趙高和胡亥將他的遺體放在車上，希望假裝他還活著，但還有一個技術性難題需要克服。

是的，屍體是會腐壞發臭的，即使這是秦始皇的屍體也一樣。就算百官再遲鈍，等聞到從車中傳來的屍臭時，真相不也會揭曉嗎？這個問題該怎麼辦呢？

解決的方法很簡單，就是命人在車上放著一百二十斤的鮑魚，有人說這就是腐魚的意思，用魚臭來掩蓋屍臭。

等等，聰明如各位想必會問，這不是太荒唐了嗎？皇帝出行的車子，怎麼可能放著大量的腐魚呢？這麼荒唐的命令，百官難道不起疑嗎？

不會起疑的，或者說不敢起疑的。各位忘了嗎？始皇生前的命令，不管再怎麼荒唐，都沒有人敢質疑，百官早已唯唯諾諾成為習慣。正直有勇氣的官員，早就被始皇「樂以刑殺為威」了。

清人顧炎武《日知錄》中，考察始皇死後的巡遊路線，發現李斯、趙高足足向北又多繞了三、四千里才回咸陽，他說：「若徑歸咸陽，不果行遊，恐人疑揣，故載轀輬而北行，但欲以欺天下，雖君父之屍臭腐車中而不顧，亦殘忍無人心之極矣。」

顧炎武說「但欲以欺天下」，說得真好！密之不發喪是「詐」，令百官奏事如故是「詐」，「更詐為丞相斯受始皇遺詔沙丘」更是「詐」，如今載腐魚、北遊以欺天下還是「詐」。各位現在心裡記著這個字，我會在下一章為各位揭曉這個伏筆。

秦始皇是何等強大的人物，他開創了此下兩千年中國的基本歷史格局。中國人罵人有兩句最狠的話，一句是「斷子絕孫」，一句是「死無葬身之地」。這兩句話，秦始皇應驗了一句半，他斷子絕孫，那是下一章我們要談的事；他死後雖有葬身之地，始皇陵那麼大的陵墓，今天已是觀光勝地，但卻已是全身腐爛都還不能下葬，何等悲哀！

而這，就是始皇最後的結局。

在我的課程裡，每一講多半都有個主題，這裡的主題要和各位談什麼呢？我想請問各位：

像秦始皇這樣一個聰明剛強的人物，為什麼會讓自己的一生走到這個下場？

他想要的繼承人不但不能繼承，還被人害死。他自己屍體都腐爛掉了，還得繼續北遊，不能下葬。他一生最相信的人有三個：李斯、趙高和胡亥，如果不相信李斯，不會一生重用他；如果不相信趙高，不會讓他掌管最重要的玉璽；胡亥是他最喜歡的小兒子，始皇更不可能懷疑他。結果卻是這三個人聯手，一起欺騙了他，葬送了他最重視的帝國。

嬴政，聰明才智如你，怎麼會落得如此悲慘的下場呢？

簡單地說，秦始皇的失敗，就從他的「驕傲」而來。古希臘歷史學家Herodotus（希羅多德）曾經說過：「神要讓一個人滅亡，必先讓一個人瘋狂」，聖經上也說過：「驕傲在敗壞以先，狂心在跌倒之前」，驕傲正是瘋狂的前奏。

秦始皇相信，古往今來再也沒有人比他更偉大了，五帝三代都是過去已經腐朽的時代，古人的智慧一點都不值得參考，何足為法？只有我才明白新時代是什麼，只有我才不落伍，沒有人比我更高更強，一個驕傲狂妄到這樣地步的人，怎麼能不走向滅亡呢？

各位聽了這一段或許會說：「嗯，我懂了，所以現在要說的是，始皇不應該驕傲嗎？」

並不只是如此，我還有更重要的話要對年輕學生們說。

這二、三十年來，許多國家因為經濟進步，教育不斷地普及。有很多修這門課的學生，往往都受過良好的大學教育，甚至考上的是名牌大學。當你們考上大學、研究所的那一刻，環顧四周，在你的家庭裡面再也沒有一個人學歷比你更高了。新時代的變化如此劇烈，網路、多媒體等新事物不斷出現，你所談的新資訊、新觀念，你的爸爸、媽媽不懂，你的祖父、祖母不懂，你的長輩們統統都不懂，再也沒有人比你更懂，你覺得他們的說話都落伍，都不值得你聽。

試問，你和秦始皇有何差別呢？

秦始皇那樣有非凡聰明才智的人，有這樣的心態都要走向滅亡，那閣下又如何呢？

當然，年輕朋友們不要誤會。我並非告訴你們一定要聽父母、長輩的話，這是你的人生，決定權終究在你。我只是希望你們明白，按常理說父母對孩子是天下最不自私的，父母跟你說的道理必然是他人生通過無數血汗檢驗後，他真心認可的道理。你可以不接受那個道理，可是你要尊重他，千萬不能有「天下之人自古莫及己」的想法。

只有自己最新、只有自己最強、只有自己最聰明，正是因為這樣的驕傲和狂妄，最後讓秦始皇走向了滅亡。

故事還沒結束，秦始皇死了，他留下的爛攤子要如何收拾呢？我將在下一章，為各位說明。

第八章——天乎！吾無罪！

二世想要做什麼？

積善之家，必有餘慶；積不善之家，必有餘殃。

我們接著就來看看，秦始皇死了以後，到底留下來什麼樣的東西給他的子孫？他的子孫到底要面對一個什麼樣的局面？

為始皇發喪之後，二世皇帝胡亥終於繼位了，我們來看看胡亥是個什麼樣的人。

始皇葬入帝陵之後，他留下了龐大的後宮，這該怎麼辦呢？還有，建造始皇陵有無數的巧匠，這些人對於始皇陵裡面所有的機關布置都清楚，又該怎麼辦？

請你蓋上書，設想如果你是二世，你會怎麼解決這兩個問題？

●秦始皇陵兵馬俑坑

二世解決問題的方法很簡單，還是那一百零一招——「殺」！先帝后宮嬪妃只要沒有兒子的，統統為先帝殉葬。把參與建造陵墓的巧匠全部關進陵墓，讓他們統統餓死在裡面。如此一來，簡單俐落，落了片白茫茫大地真乾淨，不愧是暴君秦始皇的兒子！

從頭到尾，秦朝統治天下，用的都是這套辦法。始皇如此，民不聊生，好不容易一個新皇帝即位了，大家都引領盼望，看看他會有什麼不一樣的作為。結果還是殺，殺得比始皇時代更變本加厲，這就是二世皇帝。

二世皇帝即位的時候，才二十一歲，就跟很多大學生是一樣的歲數。但這個人自幼生於深宮，從小生活在順境當中，缺乏歷練，是個典型的紈袴子弟。

在這種情況之下，胡亥需要有一個他真正信任、真正能幹，能幫他處理政務的人來幫助他。而在他心目中，這個人就是他的老師趙高。

二世重用了趙高，因為趙高與他親近，他也真心信任這個人，所以他對趙高說出了真心話：

大臣不服，官吏尚彊，及諸公子必與我爭，為之奈何？

你們看看二世心中，真正憂心的到底是什麼事情？六國人心不附，天下民不聊生，他關心的不是如何把政治做好，也不是老百姓的生活如何，而是擔心別人不服他，怕別人與他爭位。

為什麼二世皇帝如此憂心？很簡單，因為他得位不正。大凡常人如果得到本來不應該屬於你的東西，多半都心虛，後來種種倒行逆施多半都從這個心虛來。

試問各位，如果你是皇帝的老師，在這種情況下，你該怎麼回答？

把書蓋上好好想想，然後把書翻開，我們來看看趙高怎麼回答。他的辦法很簡單：

有罪者誅之，上以振威天下，下以除去上生平所不可者。今時不師文而決於武力，願陛下遂從時毋疑，即群臣不及謀。

這句話很清楚，我都不用太翻譯，就是把所有不服你、可能威脅你、你不喜歡的人統統殺光光，而且要殺就要快，讓「群臣不及謀」，就把這些人統統剷除掉。

是不是還是那一百零一招，用「殺」解決一切事情？而且殺得比秦始皇更加激烈，秦始皇只是殺六國人，趙高索性要二世殺秦國的大臣、官吏、諸公子們。

如果你是二世皇帝，聽到老師這麼建議你，你會怎麼回答？

我們再看看二世的反應：

二世曰：善。

二世認為這真是一個非常好的建議，於是兩人想辦法找出平日不喜歡的大臣和諸公子們的各種罪名，將他們抓起來全部殺掉，這就是二世皇帝。

二世的這個決定，有沒有錯呢？歷史學不講空話，我們可以從後面的實例來驗證，看看這樣一味實行殺戮到底會有什麼結果？

天乎！吾無罪

在這裡，《史記》寫了一個小故事，是關於當時諸公子的處境。

公子將閭昆弟三人囚於內宮，議其罪獨後。二世使使令將閭曰：「公子不臣，罪當死，吏致法焉。」將閭曰：「闕廷之禮，吾未嘗敢不從賓贊也；廊廟之位，吾未嘗敢失節也；受命應對，吾未嘗敢失辭也。何謂不臣？願聞罪而死。」使者曰：「臣不得與謀，奉書從事。」將閭乃仰天大呼天者三，曰：「天乎！吾無罪！」昆弟三人皆流涕拔劍自殺，宗室振恐。群臣諫者以為誹謗，大吏持祿取容，黔首振恐。

公子將閭兄弟三人被關在內宮裡頭，其他公子或自請殉葬、或自殺、或早就被議罪處死，就剩他們三個人還沒有死。為什麼呢？因為找不到他們三個的任何罪名。我們看看二世怎麼處理這個問題？

二世派了使者去跟將閭說，你有「不臣」之罪，其罪當誅，現在派了官吏來執行。將閭聽到「不臣」的罪名十分驚訝，於是反問：「我在朝廷舉行大禮儀的時候，從來就不敢不服從司儀的命令。擔任國家職位時，從來就不敢失去該有的節操。接受上位者的命令和應答，從來沒有講錯過一句話。請問不臣是什麼意思？我哪裡犯了不臣之罪？」

秦法嚴密，你讓將閭死，你總得要讓他死個明白。你要明明白白告訴他，他什麼事情有罪。其實，各位從將閭敢回答這三句話就知道，他是很有自信的，自己絕對沒有做過任何「不臣」的行為，絕對沒有發過任何「不臣」的言論。

使者怎麼回答他呢？這個使者的回答，就是典型公務員式的回答：「我不知道罪名怎麼來的，我只負責執行命令殺你而已。」所以意思就是，不關我的事，把皮球踢到另外一個地方去，罪名的部分要問我的上級。不過我今天奉令要把你殺了，死了以後你還能不能問上級，就是另外一個問題了。

那將閭怎麼辦呢？他沒辦法了，只好仰天大呼三次：

天乎！吾無罪。天乎！吾無罪。天乎！吾無罪。

將閭覺得他沒有罪，他跟上天哀告，他沒有罪怎麼能死呢？但最後也只能兄弟相哭，拔劍自殺了。秦始皇的兒子們最後是這麼個結局，各位去想想看那個情況之悲慘。

但如果我將這一段的目的，只是為了講將閭結局之悲慘，講二世無罪也要把人殺了，這個老師講的課就沒有什麼出奇了，這樣的涵義你們自己讀也讀得出來。

這裡真正想問你們，要各位去想的是：公子將閭三人，真的無罪嗎？

聰明如各位，相信心中自有決斷。這裡我只提供個人看法，做為參考。中國學問重層次，我們來分析看看，他們是不是真的無罪？

第一個層次，公子將閭確實沒有罪。

為什麼呢？因為他確實沒有犯過「不臣」之罪。按照這一點來看，將閭想得沒有錯。他沒有罪，他是無罪被誅殺。用現在的話，他是被冤枉的。

可是，將閭真的沒有罪嗎？

第二個層次，公子將閭確實有罪，可是罪不當誅。

看到這裡，各位可能有所疑惑，將閭有什麼罪呢？因為他沒有盡到他應該盡的責任。身為秦國的公子，他安享百姓的稅賦，過著富裕的生活。而他的父親和弟弟倒行逆施、殘民以逞，他卻什麼該說的話也沒說，什麼該做的事也沒做，什麼該救的人都沒救，坐視著國家一天天的崩壞，他真的沒有罪嗎？

各位可能會回答我，將閭只是該做的事沒有做，說是罪太過了。秦始皇那麼兇暴，二世那麼兇暴，誰敢講真話？怕死是人之常情，想要貪圖富貴也是人之常情，就算這是罪，起碼他們罪不至死吧？

我們再往更深一層想，真的如此嗎？

第三個層次，公子將閭確實有罪，而且其罪當死。

秦國為了統一六國，用盡了一切詐謀和卑鄙手段，楚懷王便是被騙入秦國而後屈死。秦軍殺戮了多少六國人，長平便有四十萬投降的冤魂，天下有多少人因為秦軍的暴行妻離子散、家破人亡、流離失所。這都是歷代秦王，也就是公子將閭的父祖們所為，難道這種種惡行，都不必付出代價嗎？將閭身為秦王的子孫，因為祖先的惡行，從小就得以安享榮華富貴，難道將閭認為他不必付出代價嗎？

世界上所有的事情都必須付出代價。如果你沒有付出代價，那就是別人要替你支付這個代價。如果祖先沒有付出這個代價，這個代價往往會到子孫的身上。中國人講「報在子孫」，正是這個道理。

當然各位會問我，這不是不公平嗎？誰做的事，就應該誰付出代價啊！會問這樣的問題，是因為各位不了解歷史的本質。人的壽命有限，一件事情從做下去，到得到結果，再到付出代價，其間往往超過一個人壽命的期限。所以中國人看歷史，不是看一年十年，而是看百年千年，看這個事到最後到底是什麼結果。

在今天的秦始皇陵前，考古學家發現了一排陪葬墓。這一排陪葬墓的特色是，陪葬品的等級很高，但墓主人死狀多半都很悽慘。考古學者們結合文獻來看，很多人都認為，這一排陪葬墓就是當時被二世殺戮的公子和公主們的陪葬墓，而這些人全是胡亥的兄弟姊妹，全是始皇的子孫。我為什麼講始皇斷子絕孫，為什麼講報在子孫，就是應驗在此。

當然，或許有人會問：「不對啊！二世還在啊，後來子嬰也繼位了，不能說是斷子絕孫吧？」

不必擔心，很快了，再過不到兩年就全都會應驗了。

那麼二世這麼做，從上到下，人人恐懼害怕，沒有人敢再多說讓二世不高興的話，因為他們知道你有罪也殺、無罪也殺，難道這樣子你就真正贏了嗎？不要急，我們繼續看下面的發展。

二世的選擇？

二世在這一刻，他幾乎已經剷除了所有他不喜歡的人，所有他認為可以威脅這個位置的人，那麼接下來看他想做什麼？我們常常看一個人會說，他做這個事是不得已，做那個事是不得已，我們應該原諒他。好，那我們現在就來看看，當二世所有不得已的因素都去掉後，他真正想做的事情是什麼？

二世下了一道命令，說先帝在世時築阿房宮，後來因為中途駕崩，為了加速陵寢完成，只好暫停阿房宮工程，要刑徒和工人全部去修驪山陵。如今驪山陵大體完成，就必須讓刑徒和工人回來繼續建造阿房宮，否則就成了爛尾樓，豈不是在打先帝的臉嗎？

看到這裡，我們終於明白了，原來二世真正想的還是他個人的享受。二世認為秦始皇做的事情，不管是對的還是錯的，都應該繼續把它完成。事實上，他一定覺得先帝無比正確偉大，他怎麼會有任何錯誤呢？當然要接著幹才是對的。

姑且不論秦始皇有沒有錯，胡亥你卻是大錯特錯了。你不明白一個重要的道理，你終究不是你父親啊！他能辦得到的事，不代表你也辦得到。

天下的人力、物力、財力，早已被始皇壓榨一空。二世如今還要追隨先帝繼續壓榨，就只有用更嚴厲的刑法去逼迫百姓了。《史記》中便記載：

用法益刻深。七月，戍卒陳勝等反故荊地，為「張楚」。

將陳勝造反之事，緊接著「用法益刻深」五字之後，就是「寓論斷於序事之中」，告訴你天下反秦的真正原因。

你以為你一味殺戮，你以為你一味壓榨，你以為天下人都害怕你，你就高枕無憂，你就贏了嗎？當然不是，你所作所為違背人性，天下已經積怨太久太久。你父親始皇是蓋世雄主，他在的時候大家害怕不敢造反，可二世你只是個紈袴子弟啊！

創業難，有時候守成更難。

天下的父母大都「望子成龍」、「望女成鳳」，可是為什麼成龍成鳳的子女那麼少？因為光「望」是沒有用的，只有「教子成龍」、「教女成鳳」才有用。教子則必要有道，首先是父母身教重於言教，其次是為你的孩子找一個影響他一生的好老師。

這樣各位就明白了，二世皇帝為何是這個德行？因為他的父親身教太過成功，二世完全學始皇濫殺的那一套。而他父親給他找的老師，居然是趙高！父如此，師如此，所以二世皇帝就是這個德行了。

陳勝一反，天下響應，真是盛況空前。秦朝壓榨天下到這個地步，民不聊生，老百姓怎麼會不起來造反？東方六國故地，起兵造反者不可勝數。**試問各位，你們覺得二世會有什麼反應？怎麼解決這個問題？**

二世怒。

還是殺，不過不是殺造反的人，而是殺通報造反消息的使者。

一般君主聽見東方六國遍地皆反，應該會大驚失色，然後找群臣來謀劃，怎麼解決東方六國的造反問題。可是二世不是，他聽見消息後非常憤怒，因為他覺得使者騙他。他是大秦的二世皇帝，和先帝一樣英明偉大，才剛殺了這麼多人，確立了新帝的無上威嚴，怎麼可能有人敢造反？這才即位第一年，就有人通報東方皆反，這分明是唱衰他，打他的臉。

所以二世把這些通報他造反的人，統統丟到監獄裡面去了。後面的使者學乖了，當二世再問他們這件事時，就回答：「全是一群小盜賊而已，地方治安機關已經把他們統統抓起來了，不必再擔心了。」你們看看二世的反應：

上悅。

各位讀這段一定會覺得，二世的反應怎麼跟一般人完全不一樣？怎麼告訴他實話的人，統統被他抓到監獄裡面；告訴他謊話的人，聽了之後卻是龍顏大悅。

如果你們真正了解二世這個人，就會知道他的反應一點也不出奇。二世是個什麼樣的人，那就是個紈袴子弟，從生下來就在盡情享受，所有圍繞他身邊的人都在拍他的馬屁。為什麼呢？因為秦始皇喜歡他。

記不記得前面我跟各位談過的例子，魯哀公說過：「寡人生於深宮之中，長於婦人之手，未嘗知憂，未嘗知懼。」這就是二世即位之前的生活寫照。以這樣的一個人面對問題，從小在別人的諂諛逢迎中長大，他已經習慣了所有的事一帆風順，不能忍受逆境。

可是忠言往往逆耳，實話卻是大家都不愛聽。這時做為老師的人，應該去告訴學生實話，那才是真的對學生好。但是二世的老師是誰？是趙高。趙高當然不會去說二世不喜歡聽的話，所以二世才那麼喜歡他、信任他。

但胡亥啊，你以為自欺欺人，你以為蒙在被子裡頭不聞外面的事，你以為只要一切你不喜歡聽的東西都不要出現在耳邊，事情就能解決嗎？答案是，事情是解決不了的，只會越來越惡化。如果沒有辦法把你的意志變成具體的行動，現實是不會隨你的意志而轉移的。

說自欺欺人，都還抬舉了二世，他根本欺不了人，說穿了就是自欺而已。這是年輕人最容易犯的毛病，以為自己聰明能欺盡天下人，大學有云：「人之視己，如見其肺肝然，則何益矣」，其實終究只是自欺而已，自欺只會讓事情越來越糟。胡亥，你人生的逆境才剛剛開始呢！

誰才眞正對你好？

東方反事越演越烈，到處都是自立稱王者，勢力越來越大，秦朝已在風雨飄搖之中。二年冬，陳涉派遣的將領周章帶著數十萬兵，已經殺進關中來了。二世如果不想閉目就死的話，他只能面對現實。不過如果你要面對現實，晚面對為什麼不如早面對呢？

那沒有辦法，因為這孩子從小就在順境之中，他完全不能習慣面對逆境該怎麼辦。你們看他的反應就知道：

二世大驚，與群臣謀曰：「奈何？」

幸好秦始皇還留下來幾個大臣沒被二世殺掉，這時終於有個章邯跳出來說，盜賊們如今數量龐大，如果要臨時動員關中兵已經來不及了。怎麼辦呢？趕快赦免酈山刑徒幾十萬人，給他們兵器，叫他們去進攻周章的軍隊。二世事急無奈，只好命令章邯為將帶領刑徒們，才把周章給打敗了。於是二世再派遣更多軍隊，讓章邯等討平東方群盜，結果連戰連勝，幾乎把楚國的起義名將們全部平定。接著決定渡過黃河到北邊去攻打趙國，這就是後來鼎鼎大名的鉅鹿之戰，這一戰將決定秦朝的命運能否挽救。

二世這一次能夠大勝，那是因為秦國還有老本，他還沒有敗完。但這一次的危機，充分顯現他的無能，這讓他顏面盡失。因此善於揣摩人心的趙高，對二世提出一個建議。

他跟二世說，先帝治理天下時間長久，所以群臣不敢為非進邪說。如今陛下年紀輕輕，又剛剛即位，閱歷經驗都有所不足，怎麼可以跟公卿們在朝廷之上討論事情呢？陛下所說的話只要一有錯誤，不就等於在群臣之前顯現你的不足嗎？

因此最好的方法是，二世索性不要上朝，不要和任何臣子討論事情，只要在宮中盡情享樂。至於政事，趙高會帶到宮中和二世一起討論，群臣只要接受二世的決定就可以了。

二世高興地接受了趙高的建議，此後公卿大臣就很少有機會覲見二世皇帝了。這豈不是又回到秦始皇的時代，甚至狀況更糟。趙高這麼勸二世，是因為他看準了二世不想丟臉的心理，想乘機專斷權力。以二世的水準，當然趙高怎麼說他怎麼信，只能被趙高牽著走，玩弄於股掌之上。

為近暱隔絕中外，這是人主之大忌。問題是，二世為什麼會同意這樣的建議呢？

唉，二世不過就是不希望別人知道他不能嘛！如果是一個好老師，這時就應該勸學生，不能怎麼辦？就是學，拿刻苦學習來彌補。你想要有術怎麼辦？中國人常說「不學無術」，反之學則有術。孔子說得多好：「或生而知之，或學而知之，或困而知之，及其知之，一也」，我們都不是生而知之者，至少要學而知之，再怎麼基礎不足，總得困而知之吧！結果趙高卻勸二世「困而不學」，那真是「斯為下矣」了！

好老師教育學生，是要讓學生好，讓學生進步，不是拍學生的馬屁。趙高為了自己的私欲，處處迎合二世的心意，學生有過失，你不勸他改進自己的過失，卻勸他把過失隱藏起來，這能解決問題嗎？

這時章邯雖然連戰連勝，但盜賊卻是越來越多。為什麼有這麼多盜賊？因為朝廷橫徵暴斂，所以農民被迫起義。如今要派遣軍隊去討平他們，就得更加橫徵暴斂來供應軍需。更加橫徵暴斂，起義的人就會更多。起義的人更多，就得派遣更多的軍隊去討平他們……這不是惡性循環嗎？

當然，你不能說大秦朝廷沒有明白人。這時右丞相馮去疾、左丞相李斯和將軍馮劫三人聯名進諫，要求二世停止阿房宮工程，同時減少對百姓的橫徵暴斂，這樣百姓得以休養生息，才能釜底抽薪。

二世怎麼回答呢？各位來聽聽看。他說：

> 凡所為貴有天下者，得肆意極欲，主重明法，下不敢為非，以制御海內矣。……且先帝起諸侯，兼天下，天下已定，外攘四夷以安邊竟，作宮室以章得意，而君觀先帝功業有緒。今朕即位二年之閒，群盜并起，君不能禁，又欲罷先帝之所為，是上毋以報先帝，次不為朕盡忠力，何以在位？

二世的意思是，天子所以貴重，就在於他能隨心所欲，想辦的事都能辦成。為什麼能做到這一點呢？因為法律嚴明，沒有人敢違抗他的意思，他就能控制天下所有的人。這無疑是在告訴這三位大臣，我養你們是要你們來達成我的意願，不是要你們來說我不是。

接下來他又說，我現在的所作所為，不是先帝時代就這麼做了嗎？為何你們當時不諫勸先帝，如今卻都來諫勸我？盜賊這麼多，不是我的錯，全是因為你們無能所造成的結果！你們要停止先帝的工程，是對不起先帝；盜賊不能平定，是對不起我，要你們這些廢物何用！

各位看二世從頭到尾講的這段話，沒有一個字是他自己的責任，全部都是別人的責任，全部都是其他人不好，絕不是他不好。說紈袴子弟都還抬舉二世了，這根本就是小孩話。讓這樣的人當上天子，那不只是天下人的悲劇，也是二世自己的悲劇。

於是二世把這三位將相全部下獄，想辦法羅織罪名要殺他們。馮去疾、馮劫兩個人還算有骨氣，決定不受辱而自殺。而那個不要臉的李斯，卻極力苟延殘喘，看能不能逃過一劫。李斯想不死，就真能不死嗎？結果他死得比另外兩個都要悽慘得太多了，被施以種種肉刑，然後全族被誅殺。

到了這一刻，秦始皇留下來的將相、大臣、宗室公子，幾乎都死得差不多了。是六國人殺的嗎？不是，是被秦始皇的兒子自己殺光的。秦始皇的兒子為什麼這麼做？不就是秦始皇你老人家教育有方嗎，你在世的時候不也是樣樣都用殺來解決問題嗎？

注意，孩子是學你做的，絕不是學你說的。不管那些刻石裡面，再怎麼頌揚你自己的功德，他終究在你身邊看到的就是「以殺治天下」，他當然有樣學樣，也「以殺治天下」。他腦子想的就是，他父親的時候可以，憑什麼他不行？他父親在的時候，你們群臣都不敢講話，憑什麼現在你們每個人都跳出來講話？

在胡亥心中，這個世界上只有趙高對他好，所以他很快就要迎來人生的最後一年。

第九章——詐與力

誰爲爲之？孰令聽之？

二世三年，這是胡亥人生的最後一年，也是大秦的最後一年。

這一年，趙高擔任丞相，第一件事就是殺了李斯，除掉他的心腹之患。

接著，章邯帶領秦軍包圍了趙國的鉅鹿，楚國上將軍項羽帶領楚軍前去救援。這是決定秦朝命運的一戰，也就是後世我們人人都知道的「鉅鹿之戰」。

章邯和項羽打了幾場仗，戰況都不利，於是二世派使者去責備他。章邯覺得非常害怕，前方戰敗，後方又強烈責備，他不知道該怎麼辦，只好派副手司馬欣到咸陽去跟二世解釋現在的情況。

司馬欣先去見丞相趙高，趙高卻置之不理，因為現在秦國最能威脅趙高地位的就是大將章邯，他巴不得章邯吃敗仗。而二世皇帝除了趙高，早就誰也不見了，各位想一想，司馬欣這個時候該怎麼辦？

走投無路的司馬欣害怕了，決定逃回前線。

趙高聽到司馬欣跑了，就知道大事不妙了，他是要章邯吃幾場敗仗，好乘機奪權，並不是要逼反章邯。他派人追司馬欣，卻追不到了。於是司馬欣逃回章邯軍中，面見章邯說：「趙高用事于中，將軍有功亦誅，無功亦誅。」為什麼呢？

章邯如果有功，順利打敗了項羽，鏟平了東方六國起義的勢力。章邯的功勞就比趙高還大，趙高除了把丞相讓給章邯，他還能怎麼辦？趙高不想把丞相讓給章邯，他就只能殺章邯。

如果章邯打了敗仗，趙高也一定會殺章邯以謝天下，順便奪取軍權。

這時候項羽與秦軍決戰，結果秦軍大敗，走投無路的章邯只好帶著秦軍投降諸侯。六國終於大獲全勝，這一刻誰也挽救不了秦朝滅亡的命運了。

趙高知道事情不妙了，他每次都告訴二世，關東六國群盜不足為懼，又拒絕派援軍給章邯。如今六國大獲全勝，秦軍全軍覆沒，二世皇帝要是知道真相，趙高的項上人頭就未必保得住了，因為胡亥也是「以殺治天下」。

如果你是趙高，這一刻你該怎麼辦？

還是殺，不過不是殺六國，因為趙高殺不了，這次他決定殺二世。

歷代史書都勸領袖人物要「親君子，遠小人」，可是大部分的人都做不到？為什麼呢？原因很簡單，因為小人太好用了！只要你能給他權勢利祿，你想要他去做任何事，不管那件事再荒謬、再無恥、再違背良心、再困難，他都會去做。你要一百分，小人能排除萬難，幫你做到一百二十分，哪個領袖不喜歡這樣的部下呢？

如果你用一個君子，只要叫他去做一件不對的事，他立刻就會義正辭嚴地諫勸你。如果你硬逼他做，他就不幹了，哪個領袖會喜歡這樣的部下呢？

既然小人這麼好用，為什麼史書還勸你不要用小人呢？因為通過對幾千年歷史的觀察，我們發現小人的欲望會不斷膨脹，只要你餵不飽他，他終究要反噬其主。

秦始皇多麼相信趙高，連玉璽都交給他保管。等秦始皇一死，趙高怎麼對付秦始皇？二世多麼相信趙高，信任他到了極點，如今他怎麼對付二世？

歷史學不講空話，所有道理都要用實例來驗證。

可是趙高要起來作亂，光他一個人不行。因此他想要試驗一下群臣，看看如果真的起事，這些人究竟會站在哪一邊？

怎麼試驗呢？這個局，就是我們後世人人熟知的「指鹿為馬」。趙高獻上了一頭鹿給二世，當著群臣的面，指著那頭鹿說：「這是馬。」二世聽了大笑說：「丞相你弄錯了吧？這明明是鹿，怎麼會是一頭馬呢？」

於是詢問左右群臣，有人不說話，有人說是鹿，有人說是馬。

你們乍聽之下，不覺得趙高這樣的計策實在簡單幼稚地可笑嗎？但各位要明白，計策在乎有用，不在乎難易深淺。幼稚不幼稚無所謂，有用就是好計策。這個計策正因為它幼稚，所以才這麼有用。為什麼呢？

因為它讓所有的人無可迴避。

你設下一個太深的計謀，別人可以裝看不懂、聽不懂。但「指鹿為馬」這個計謀，沒有人能裝不懂，他最多只能閉口不講話。就這樣，趙高就可以試出所有人真正的心意，讓人無可迴避，可以試出這人到底是會不分是非地逢迎自己，還是熬不住良知，或者是碰到重要關頭就不敢講話，這不就全部試出來了嗎？

就用這一條計策，趙高就試出誰可能是他的支持者、誰是反對者、誰是牆頭草，這樣就能羅織罪名，一下子就把所有反對他的人統統剷除掉。

使臣早言，皆已誅，安得至今？

這時東方六國諸侯，已經準備進攻秦國，劉邦更是帶著數萬人攻進了關中的南門——武關，這是前面講過張良的故事。劉邦不敢貿然進攻咸陽，因為他不知道咸陽的軍備到底怎麼樣？於是聰明的他，派了一個使者私下去見趙高。

劉邦的使者見趙高，要和他談什麼事呢？不管怎樣，總之對秦二世都不會是好事。我們按常理推想，他總不可能是代表劉邦來投降秦二世的，對吧？這一刻劉邦心裡想的應該是，當年楚國義帝曾許諾「先入關中者為王」，而如今項羽已大敗秦軍，他無論如何都要比項羽先進關中。

怎麼樣能先入關中呢？最好的辦法，就是能兵不血刃進入關中。誰能幫助他兵不血刃進入關中呢？這個人選，不就是沒有退路的趙高嗎？

局勢已經糜爛到這個地步，丞相不用負責任嗎？丞相如果不用為局勢負責任，那前面兩個丞相馮去疾、李斯又是怎麼死的？

趙高怕二世質問他，索性就說他生病不見二世。趙高不朝見，二世急了，不斷派使者來責備趙高，要他盡快解決盜賊的事情。於是趙高害怕了，和女婿咸陽令閻樂以及弟弟趙成合謀，他說：

> 上不聽諫，今事急，欲歸禍於吾宗。吾欲易置上，更立公子嬰。子嬰仁儉，百姓皆載其言。

你看趙高的反應，天下為什麼糜爛到這個地步，都是因為「上不聽諫」，與我無關。前面二世想把所有的責任都推給大臣，如今趙高就想把所有的責任都推給二世，這對君臣都是一群什麼玩意兒？

趙高這時打算要換掉二世皇帝，重新立公子嬰為君。名義上是「子嬰仁儉」，實際上是因為這樣的人最好控制。

趙高如何殺二世？這場弒君之役，《史記》有著詳細的描述：

使郎中令為內應，詐為有大賊，令樂召吏發卒，追劫樂母置高舍。遣樂將吏卒千餘人至望夷宮殿門，縛衛令僕射，曰：「賊入此，何不止？」衛令曰：「周廬設卒甚謹，安得賊敢入宮？」樂遂斬衛令，直將吏入，行射。郎官者大驚，或走或格，格者輒死，死者數十人。郎中令與樂俱入，射上幄坐幃。

二世怒，召左右，左右皆惶擾不鬬。

「使郎中令為內應，詐為有大賊」，又看到這個「詐」字沒有？這是關鍵字，我們最後會講。

郎中令謊稱有大賊要攻擊咸陽宮，於是趙高就命令閻樂帶人殺進宮中。特別注意下面這六個字，「劫樂母置高舍」。閻樂是他的女婿，趙高卻派人把閻樂的母親綁架回來關在他家裡，這就是人質，讓閻樂不敢違背他，只能幹到底，這不就是一群小人嗎？

閻樂攻入宮中，把負責守衛宮殿的衛令僕射都抓起來問，有大賊殺進宮殿來，你們為什麼不阻止？衛令說，我們在宮殿附近都設有崗哨，沒有人回報說有賊入宮啊？可憐的衛令，你還跟他講道理，人家是來跟你講道理的嗎？閻樂連回答都懶得回答，乾脆就把衛令給宰了。

這時隨侍在宮中的郎官和宦官們，發現閻樂殺了進來，有的人逃跑了，有的人留下來格鬥。結果格鬥的人全部被殺光，郎中令和閻樂殺入殿上，箭都射到二世寶座的帳幕之上，就知道當時的情況有多危急。

> 旁有宦者一人，侍不敢去。二世入內，謂曰：「公何不蚤告我？乃至於此！」宦者曰：「臣不敢言，故得全。使臣蚤言，皆已誅，安得至今？」

二世這時怒召左右護駕，左右全部跑光光，只有一名宦官，「侍不敢去」。你們就看看史記用字多妙，不是不願去，不是不能去，而是「不敢去」。

各位仔細讀這段文字。第一，二世稱呼這個宦官什麼？他稱呼這個宦官為「公」！公是尊稱，胡亥是天子，居然叫一名宦者為「公」！你就看看到了情勢危急的時候，二世悲慘的樣子。

第二，二世責問：「何不蚤（早）告我？」情況這麼危急，你為什麼不早點告訴我呢？還是把責任推給別人。今天到了這個地步，責任統統都是別人的，他自己完全沒有責任。

第三，宦者下面回答得更妙。我能活到今天，就是因為我沒告訴你真話，前面告訴你真話忠言的人，不是全部都被你殺光光了嗎？如果我敢說真話，還能活到今天嗎？

這是多麼諷刺的一刻，胡亥怎麼會淪落到這個地步的？漢代有一句俗話：「誰為為之？孰令聽之？」事情到了這個狀況，是誰造成的？又是誰聽任這個事情發展至此的？簡單地說就是，情況悲慘到這個地步，到底是誰的責任？不就是二世你自己的責任嗎？

你的父親秦始皇固然施行暴政，但也給你留下了萬里江山，留下了百萬雄兵，還留下了文武大臣，留下了宗室兄弟。這些能夠擔當國事的文武大臣，是誰殺的？不就是二世你自己殺光的！這些能夠幫助你的宗室兄弟，是誰殺的？還是二世你自己殺光的！

所以秦朝的命脈，是六國斷送的嗎？當然不是，是胡亥把所有六國的阻礙全部剷平，他這個天子自己斷送了秦的命脈！

你殺盡了天下人，最後這一刻終於只剩下你自己了。咎由自取，怪不得別人，胡亥，難道不是嗎？

閻樂前即二世數曰：「足下驕恣，誅殺無道，天下共畔足下，足下其自為計。」

二世曰：「丞相可得見否？」

樂曰：「不可。」

二世曰：「吾願得一郡為王。」弗許。

又曰：「願為萬戶侯。」弗許。

曰：「願與妻子為黔首，比諸公子。」

閻樂曰：「臣受命於丞相，為天下誅足下，足下雖多言，臣不敢報。」

麾其兵進，二世自殺。

你們看看這一段，閻樂稱二世什麼？他竟然稱二世為「足下」！閻樂應該稱二世為陛下，其次一等也要稱殿下，再其次一等也應該稱閣下。他所有的尊稱都沒有，卻用了一個對平民的稱呼——足下。你就看看在這一刻，閻樂眼中的二世淪落到了什麼地位？

二世不願意辛苦去管理政務，只想盡情享樂。中國有一句話說得最好，樂極然後就會怎麼樣？生悲。如今二世生悲的時候，終於到了。

閻樂說：「天下共畔（叛）足下，足下其自為計」，自為計的意思就是叫他去自殺，可是二世不想死啊！為什麼說這個人是個小孩，這不是污衊他，你們看看這個人的想法能幼稚到什麼地步？

二世說，我能不能見丞相？為什麼他要見丞相，因為他到這一刻還相信，趙高不會殺他的，這一定是什麼事情弄錯了，一定是有什麼誤會。只要他見到趙高，趙高一定能幫他解決問題的，這不就是個小孩幼稚的想法嗎？閻樂當然說不可以，因為他知道趙高不想見二世。

二世說，你們不讓我做天子，給我一郡當王就可以了。閻樂不答應。

二世說，那我做萬戶侯就好了。閻樂還是不答應。

二世說，我什麼都不要了，你讓我跟我的妻子都去做老百姓，像其他公子一樣，好不好呢？不用擔心，胡亥，你難道忘了你的兄弟是什麼下場嗎？像其他公子一樣，你以為你會有什麼下場？

閻樂說：「臣受命於丞相，為天下誅足下」，你看這句話說得多冠冕堂皇。「足下雖多言，臣不敢報」，閻樂為何敢如此決斷？必然是趙高交代過他，二世今日非死不可。

於是二世就這樣自殺了，說實話，前後看來二世實在不像有自殺的勇氣，「被自殺」的可能性高一點。

誰騙誰？誰能騙誰？

二世自殺後，趙高召集了秦朝所有的大臣和宗室，宣布二世已經伏誅。又說現在六國的土地都丟了，只剩下秦國故地，君主不應該再叫皇帝，只能稱王。接下來趙高又宣布，他要立二世哥哥的兒子公子嬰為秦王。

公子嬰到底是不是二世哥哥的兒子，史學家是有爭議的，但細節的考證不是本書的重點。重點是秦朝接下來發生了什麼事？以及對我們究竟有何啟發？

於是趙高用布衣百姓的禮儀，把二世草草埋葬了，然後命令子嬰齋戒沐浴，準備到太廟接受秦王璽。

子嬰聽見這個消息，真是閉門家中坐，禍從天上來。趙高立他不過是找一個傀儡而已，趙高連二世都敢殺，何況是他？於是子嬰只好趁齋戒的時候，和兩個兒子謀劃。謀劃什麼呢？還是殺，子嬰準備殺趙高。

怎麼殺呢？子嬰策劃了一個計謀：

我聞趙高乃與楚約，滅秦宗室而王關中。今使我齋見廟，此欲因廟中殺我。我稱病不行，丞相必自來，來則殺之。

趙高想騙子嬰去太廟裡頭殺了他，子嬰想騙趙高過來齋宮殺了他，這不都還是用「詐」？

最後子嬰裝病之計果然奏效，趙高前後派了幾次使者前來請子嬰，子嬰都不去太廟。最後趙高只好自己來請，子嬰遂刺殺趙高於齋宮，然後再把趙高全族殺個精光。

讀到這裡，又要問各位問題了。這個問題就是：子嬰為什麼能成功殺掉趙高？

趙高聰不聰明？趙高太聰明了，他連秦始皇都能騙倒，騙不倒秦始皇，秦始皇怎麼會讓他掌管玉璽？他連李斯都能騙倒，騙不倒李斯，李斯怎麼會跟他合謀？最後連二世也被他騙倒，死在他的手裡。

那麼論聰明、論閱歷，子嬰能比得上趙高嗎？當然不能。既然子嬰樣樣都比不上趙高，為什麼最後是子嬰騙倒趙高殺了他，而不是趙高殺了子嬰呢？

我告訴各位，很簡單，因為再怎麼笨的人，被人一再地騙，也會知道那個人是騙子。趙高玩弄騙術這麼久，所有人都知道你是騙子，再怎麼高明的騙術也沒用。

各位如果人生歷練稍微豐富一點就會知道，有種人一上門，還沒開口，大家就先防備他了。為什麼？因為他名聲太壞、信用太差，過去的紀錄實在太糟糕了。

為什麼古聖先賢告訴我們，做人首要立信？信用是一個人立身的根本，你如果不建立信用，一上門人家就知道你是來騙人的，你再怎麼聰明也無所施展。

子嬰為什麼能騙倒趙高？不就是趙高自負聰明嗎，天下人都知道你在騙人，你還以為你的騙術騙得倒子嬰。在趙高眼中，什麼叫做仁厚？不就是這個人懦弱、不足為懼嗎？所以他對子嬰完全沒有防備。記不記得前面講忍跟先的道理，子嬰防備趙高，趙高卻不防備他看不起的子嬰，結果就是子嬰把趙高給打倒了！

秦朝的結局

打倒趙高，是不是就解決了國家的危難呢？當然沒有，子嬰為秦王不過四十六日，劉邦的軍隊就殺到咸陽附近的霸上，於是子嬰就奉上大秦的符璽投降劉邦。一個多月後，項羽帶著諸侯大軍到來，殺掉子嬰及秦所有的公子宗族。

咸陽的宮室被燒掉，百姓被屠殺、被擄掠，所有的珍寶貨財都被諸侯瓜分，連秦的土地也被瓜分為三個國家。這就是秦的末日，就是秦國最後悲慘的命運。最後太史公只寫了四個字：

秦竟滅矣。

什麼意思？這樣強大的秦，有史以來最可怕的國家，竟然就這樣滅亡了。

秦國從戰國初年商鞅變法之後，就是天下第一強國，所以秦始皇統一了天下。這樣的強秦，在秦始皇死了之後三年不到，竟然就被東方一群老百姓給推翻了。秦始皇不是沒有防備，他收天下兵，想盡辦法讓六國沒有再起的能力，結果還是輕易被滅亡了。這到底要怪誰？不就怪你秦國自己嗎？難道不是秦人自己種下秦國滅亡的命運嗎？

在這裡，我要再問本書中最重要的一個問題：秦為什麼會滅亡？

你們好好認真想一想，秦國為什麼會走到這個地步？秦始皇在世時，沒有人敢冒犯他的龍威，始皇才死了不過三年，就到了這樣的窮途末路，這到底是什麼原因造成的？

聰明的各位可以好好想一想，在此提供我的答案給各位做一個參考。

中國傳統歷史學的訓練，強調「原始察終」。秦國是怎麼得到天下的呢？前面說過，靠的是詐——欺騙，與力——殺戮。

秦國靠著欺騙和殺戮取得天下，問題是你以欺騙和殺戮治國，別人也會以欺騙和殺戮回報你。所以孟子才說：「上下交征利，而國危矣。」

上位者好利，下位者自然就好利。上位者貪心，下位者就比他更貪心。上位者欺騙下面，下位者就必然用謊言回報上面。上位者肆行殺戮，下位者只要有機可乘，也一定會用殺戮回報你。從秦始皇的故事來看，難道不是這樣嗎？

二世為什麼能即位？因為趙高跟李斯騙了秦始皇，騙了扶蘇，騙了天下人。而二世不願意聽自己任何不喜歡的話，所以身邊的人只好騙他。閻樂騙稱有大賊，才能攻進宮中。二世身邊的宦官，更是因為欺騙他才能苟活。上下交相詐，正是秦國的寫照。

始皇與二世碰到任何問題，都用殺來解決。始皇殺光六國的軍隊，再殺六國的百姓還不夠，二世連秦國自己的文武大臣、宗室公子都殺，能夠幫他統治天下的人統統被殺光光了。試問最後到底還有誰可殺？

到了最後，趙高想騙子嬰，子嬰想騙趙高；趙高要殺子嬰，子嬰要殺趙高。秦朝為什麼滅亡？就因為迷信「詐」與「力」而滅亡。騙到最後沒有人可騙，殺到最後沒有人可殺，就等著迎接最悲慘的命運。秦國的故事，已經活生生地告訴了我們這一點。

歷史學的第二個功用

前面說過，我認為歷史學一共有三個功用，第一個功用是「啟發智慧」。可是只有歷史學才能啟發智慧嗎？當然不是，只要你肯用心，天下所有的學問都能啟發你的智慧。既然如此，歷史學啟發的智慧又有何特別之處？

歷史學是研究「時」和「變」的學問，因此歷史學所啟發的當然是「時」和「變」的智慧。因此歷史學的第二個功用，便是教人擁有「審時度勢」的智慧。

秦朝君臣不聰明嗎？他們絕頂聰明。你能說始皇和李斯沒有智慧嗎？能統一天下的人，怎麼可能沒有智慧？那為什麼始皇會失敗，而秦會滅亡呢？

原因很簡單，始皇和李斯有智慧，卻沒有「審時度勢」的智慧。統一天下須用詐力，統一之後就必須改弦更張，才能安定天下。這就是西漢陸賈勸漢高祖的話，馬上得天下，難道能夠馬上治天下嗎？也就是賈誼所說的「仁義不施而攻守之勢異也」。

「時」就是我們所處的環境，藉由古人的智慧來啟發自己「先時」、「治時」的智慧，最起碼得能「因時」制宜，一定要避免去做「違時」的事情，我們最終才能獲得成功。

無論聰明才智再高，只要你做違時的事情，必會落得一敗塗地，因為人終究無法和歷史作對。

然而「時」雖多變，卻有其內在的連續性，不會亂變。這種「時」發展的方向，就叫做「勢」。得知大勢所趨，方能事半功倍，若逆勢而行，縱使個人聰明，力量再大雖可以得意於一時，久了，還是會被歷史打倒。而且得意得越久，反撲的力量就越大。只有「審時度勢」的智慧，才能幫助我們取得這個時代應有的成功。

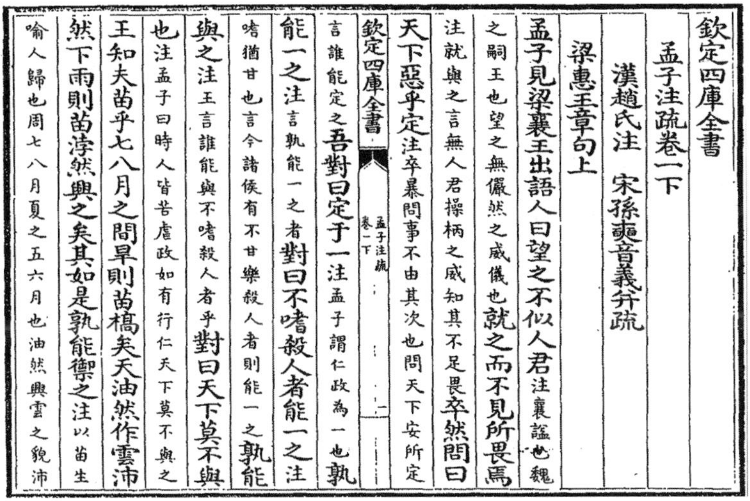

欽定四庫全書

孟子注疏卷一下

漢趙氏注　宋孫奭音義并疏

梁惠王章句上

孟子見梁襄王出語人曰望之不似人君注襄謚也魏之嗣王也望之無儼然之威儀也就之而不見所畏焉注就與之言無人君操柄之威知其不足畏卒然問曰天下惡乎定注卒暴問事不由其次也問天下安所定

欽定四庫全書　孟子注疏　卷一下　二

言誰能定之吾對曰定于一注孟子謂仁政為一也孰能一之注言孰能一之者對曰不嗜殺人者能一之注嗜猶甘也言今諸侯有不甘樂殺人者則能一之孰能與之注王言誰能與不嗜殺人者乎對曰天下莫不與也注孟子曰時人皆苦虐政如有行仁天下莫不與之王知夫苗乎七八月之間旱則苗槁矣天油然作雲沛然下雨則苗浡然興之矣其如是孰能禦之注以苗生喻人歸也周七八月夏之五六月也油然興雲之貌沛

●《孟子》（不嗜殺人者能一之）

歷史學的第三個功用

秦國的故事，到此全劇播畢了嗎？還沒有，《史記》在秦亡之後，又多加了一句做為〈秦始皇本紀〉的終結。

後五年，天下定於漢。

各位讀到這句，應該會覺得奇怪。秦的故事，不是應該到「秦竟滅矣」就結束了嗎？為什麼太史公最後還要多加這兩句？

這就是這本書中最後想和各位談的，中國傳統的史法究竟是怎麼一回事？這兩句話，牽涉到中國古代的一個大題目。

在《孟子》的首篇中，記載了孟子見梁襄王的一段問答：

「天下惡乎定？」

吾對曰：「定于一。」

「孰能一之？」

對曰：「不嗜殺人者能一之。」

什麼人能夠一統天下呢？孟子說，只有不嗜殺人者才能一統天下。注意，不是「不殺人」，是「不嗜殺人」。在戰國初年，孟子信誓旦旦地做出了這樣的預言，認為只有不以殺人為樂的人，最後才能夠一統天下。

這裡我要問各位，最後統一天下的是誰？秦始皇。

秦國不嗜殺人嗎？秦始皇不嗜殺人嗎？

秦在七國中最嗜殺人，始皇在秦國歷代君王中最嗜殺人。

那麼在一般人來看，孟子的預言豈不是完全不準嗎？怎麼會是最嗜殺的

●黑暗只是暫時的，人類的歷史終究要走向光明。

人，能夠統一天下呢？這個命題如果不能解決，我們就會開始質疑，孟子你不是亂講話嗎？儒家的思想在這一個預言上，完全是不準的。

太史公為什麼最後要加這兩句話？就是為了告訴後人，秦始皇雖然統一天下了，可是並沒有「定天下」。誰定了天下？漢才定了天下，從漢以後天下才有幾百年的安寧生活。

在中國思想上，「一統」和「統一」是完全不同的東西。「一統」是因一而統，是王道的表現；「統一」是因統而一，是霸道的結果。不過這是一個複雜的問題，足足可以寫一本書，以後有機會再詳細討論。

漢為什麼能定天下呢？因為在劉邦跟項羽之間，劉邦最不嗜殺人。所以孟子說錯了嗎？孟子沒有說錯。

太史公就是要告訴你這件事情，以詐騙殺戮來統一天下的人，只能得意於一時。最後，終究只有不嗜殺人、能行仁政的人才能安定天下。

《史記》是一本史書，〈秦始皇本紀〉是《史記》的名篇，太史公最後這兩句就是要告訴各位，不要因為秦國統一天下了，就覺得歷史最後會走向黑暗。黑暗只是暫時的，人類的歷史終究要走向光明。

後記——

學歷史的三個功用

由於這是一本通俗而入門的歷史書，因此在書中我刻意地省略了繁瑣的有關秦始皇的史料考證，而將重點放在學習歷史的功用上。對許多喜歡考證歷史事件的朋友來說，可能會簡單到讓各位失望。

但文各有主，這本書的目的是希望藉著《史記》中的秦始皇，來向大家示範如何用思辨學歷史，要怎麼學歷史才能有趣而有用。只要讀這本書的朋友們能夠有所啟發和收穫，對於學習歷史能產生興趣，這本書也就算達到目的了。

在本書的開頭，我提到了歷史學共有三大功用，第一個功用是「啟發智慧」。把歷史當成是磨刀石，用古人的智慧來啟發磨練自己的智慧，這才是學歷史真正有用的方法。也只有這樣讀書，中國古代的經典才能成為智慧的寶庫。

歷史學的第二個功用是「審時度勢」，前面以秦始皇的結局為例，已經和各位說明「審時度勢」的重要性。這個世界上，需要各式各樣的人才。而歷史學正是為了培養眼光不局限於當代，而能洞徹事物發展脈絡與前因後果的人才，這也就是古人會把歷史學當成是領袖必備教育的原因。

歷史的第三個功用，也是最後一個功用，就是「感動人心」。

荀子說：「百王之無變，足以為道貫」，經過無數個時代卻始終沒有改變的東西，才能做為縱貫古今的「道」而存在。什麼是這樣的東西呢？那就是人性，就是良知。

要改變世界，只能從改變人心開始。要成就大事業，也一定要了解人性、掌握人性。只有人心變了，世界才能改變。

歷史是追求真實之道的學問，只有從真實出發才能提煉出真實的道理，也唯有「真」才能打動人心，才能真正改變世界。

當年我還是學生的時候，第一次閱讀《史記・秦始皇本紀》，讀到最後的「後五年，天下定於漢」，不禁潸然淚下。因為歷史終究沒有放棄我們，人類最後還是走向了光明。

在那一刻，《史記》越過了兩千多年的時空深深感動了我，而我從此深信歷史學必能感動人心。

如同前面所說，生在這樣「格局未定」的巨變時代，一切都未成定局，任何道路都有可能。只要我們肯抱持這樣的信念，相信歷史終究會走向光明，就一定能開創一個比過去更加美好的新時代。

與同生於第三次巨變時代的各位共勉之。

世浩寫於二〇一四年元旦

附錄——秦始皇年表

秦國年數	西元	始皇歲數	簡要大事
秦昭王四十八年	前二五九年	1歲	嬴政出生於趙國邯鄲。
秦莊襄王三年	前二四七年	13歲	秦莊襄王死，政代立為秦王，呂不韋為相。晉陽反。
秦王政元年	前二四六年	14歲	始建鄭國渠。擊定晉陽。
秦王政二年	前二四五年	15歲	攻魏，斬首三萬。
秦王政三年	前二四四年	16歲	攻韓，取十三城。攻魏，歲大饑。
秦王政四年	前二四三年	17歲	蝗蟲蔽天，天下疫。秦國規定百姓納粟千石，拜爵一級。
秦王政五年	前二四二年	18歲	攻魏，取二十城，初置東郡，自此秦之東境與齊國相接。

秦王政六年	前二四一年	19歲	韓、魏、趙、衛、楚五國共擊秦，後秦國出兵反擊。
秦王政七年	前二四〇年	20歲	彗星見。
秦王政八年	前二三九年	21歲	秦王政之弟長安君成蟜攻打趙國時造反，死於屯留，軍吏皆斬死。嫪毐受封為長信侯，事無小大皆決於毐。
秦王政九年	前二三八年	22歲	彗星見，或竟天。秦王政赴雍都行冠禮親政。嫪毐作亂，失敗，被處以車裂之刑，滅其宗。
秦王政十年	前二三七年	23歲	呂不韋免相。齊人茅焦說秦王迎太后，秦王從之。秦王政因鄭國渠間諜案而下逐客令，後被李斯勸阻。大梁人尉繚說秦王賂各國豪臣之計，秦王從其計，後尉繚屢次逃亡不成，秦王政任為國尉，而李斯用事。
秦王政十一年	前二三六年	24歲	秦王政下令呂不韋返回其河南封邑。
秦王政十二年	前二三五年	25歲	秦文信侯呂不韋死。天下大旱。
秦王政十三年	前二三四年	26歲	攻趙，斬首十萬。彗星見東方。

秦王政十四年	前二三三年	27歲	攻趙。韓非出使秦國，為秦王政所留，後被殺於雲陽。
秦王政十五年	前二三二年	28歲	秦國大興兵攻趙，後被趙將李牧大敗。地動。
秦王政十六年	前二三一年	29歲	秦國發兵接受韓國之地南陽；魏國向秦國獻地。
秦王政十七年	前二三〇年	30歲	攻韓，俘虜韓王安，韓國滅亡。
秦王政十八年	前二二九年	31歲	秦國大興兵攻趙，行反間計，李牧被趙王所誅，趙軍大敗。
秦王政十九年	前二二八年	32歲	俘虜趙王遷，趙國滅亡。秦王親至邯鄲，將其在趙國為質時有仇怨者盡皆坑殺。
秦王政二十年	前二二七年	33歲	燕太子丹使荊軻刺秦王，秦王政攻燕。
秦王政二十一年	前二二六年	34歲	攻取燕都薊城，燕王喜逃至遼東，斬太子丹之首以獻秦。冬大雪，深二尺五寸。
秦王政二十二年	前二二五年	35歲	攻魏，引河溝灌大梁，大梁城壞，俘虜魏王假，魏國滅亡。李信率二十萬人攻楚，為楚軍所大敗。

秦王政二十三年	前二二四年	36歲	秦王政重新起用王翦，率軍六十萬攻楚，俘虜楚王負芻。楚將項燕擁立昌平君為楚王，反秦於淮南。
秦王政二十四年	前二二三年	37歲	破楚軍，昌平君死，項燕自殺，楚國滅亡。
秦王政二十五年	前二二二年	38歲	攻遼東，俘虜燕王喜，燕國滅亡。
秦王政二十六年	前二二一年	39歲	秦王政以齊國發兵守其西界、斷絕與秦國交往為名，使王賁從燕南攻齊，俘虜齊王建，齊國滅亡。
秦始皇二十六年	前二二一年	39歲	秦王政即「皇帝」號，分天下為三十六郡，更名民曰「黔首」，收天下兵器，書同文、車同軌、統一度量衡。
秦始皇二十七年	前二二〇年	40歲	秦始皇統一後第一次出巡，至隴西、北地；治馳道。
秦始皇二十八年	前二一九年	41歲	秦始皇第二次出巡，到東方巡視郡縣，刻石頌秦德，封泰山。登山東之罘、瑯邪山，立石頌秦德。徐市上書率童男女數千人入海求仙。浮江，至湘山祠，逢大風，幾不得渡，始皇大怒，使刑徒三千人皆伐湘山樹。

秦始皇二十九年	前二一八年	42歲	秦始皇第三次出巡，至博狼沙遇刺。再登之罘、東觀刻石。
秦始皇三十年	前二一七年	43歲	無事。
秦始皇三十一年	前二一六年	44歲	秦始皇微服出巡咸陽，遇盜賊，見窘。此時一石米價為一千六百錢。
秦始皇三十二年	前二一五年	45歲	秦始皇第四次出巡，前往碣石刻辭。派燕人盧生求仙，又命韓終、侯公、石生求不死之藥。盧生還，奏錄圖書，曰「亡秦者胡也」，秦始皇於是命將軍蒙恬發兵三十萬攻打胡人。
秦始皇三十三年	前二一四年	46歲	南攻百越，設置桂林、南海、象郡；西北斥逐匈奴，設三十四縣。
秦始皇三十四年	前二一三年	47歲	下焚書令。
秦始皇三十五年	前二一二年	48歲	修直道，建阿房宮，坑殺儒生方士等四百六十人。
秦始皇三十六年	前二一一年	49歲	有墜星下東郡，黔首或刻殞石曰「始皇帝死而地分」，其後石旁居民盡被處死。秋，有人持璧遮使者曰：「今年祖龍死」，始皇卜得游徙吉。

秦始皇三十七年	前二一〇年	50歲	秦始皇第五次出巡，李斯、趙高、胡亥從，登會稽山，祭大禹，刻石頌秦德。始皇病，崩於沙丘平臺；趙高、李斯及胡亥合謀矯詔，賜死扶蘇及蒙恬，胡亥襲位為二世皇帝。
秦二世元年	前二〇九年		二世命趙高為郎中令，殺大臣及諸皇子，天下振恐。增建阿房宮，用法益刻深，陳涉反，關東起兵自立者不可勝數。
秦二世二年	前二〇八年		秦軍擊破楚地諸反將後，北渡黃河。右丞相馮去疾、左丞相李斯、將軍馮劫進諫，下獄，去疾、劫自殺。
秦二世三年	前二〇七年		項羽大破秦軍於鉅鹿。趙高任丞相，殺李斯，指鹿為馬，命其婿閻樂迫秦二世自殺。子嬰即位秦王，後於齋宮殺趙高。
秦王子嬰	前二〇六年		子嬰為秦王四十六日，劉邦至霸上，子嬰降，秦竟亡矣。後劉邦還軍霸上，居月餘，項羽率諸侯兵至，殺子嬰及秦諸公子宗族，遂屠咸陽，燒其宮室，虜其子女，收其珍寶貨財，諸侯共分之。後五年，天下定於漢。

國家圖書館出版品預行編目資料

秦始皇：一場歷史的思辨之旅 / 呂世浩作 . -- 初版 .
-- 臺北市：平安文化，2014.06
面； 公分 . --（平安叢書；第 448 種)(知史；
01)
ISBN 978-957-803-911-7（平裝）

1. 秦始皇 2. 秦史 3. 通俗史話

621.91 103009353

平安叢書第 0448 種

知史 [1]

秦始皇

一場歷史的思辨之旅

作　　者—呂世浩
發 行 人—平雲
出版發行—平安文化有限公司
台北市敦化北路 120 巷 50 號
電話◎ 02-27168888
郵撥帳號◎ 18420815 號
皇冠出版社（香港）有限公司
香港銅鑼灣道 180 號百樂商業中心
19 字樓 1903 室
電話◎ 2529-1778　傳真◎ 2527-0904
總 編 輯—許婷婷
責任編輯—蔡維鋼
美術設計—王瓊瑤
著作完成日期— 2014 年 02 月
初版一刷日期— 2014 年 06 月
初版二十四刷日期— 2022 年 05 月
法律顧問—王惠光律師
有著作權 · 翻印必究
如有破損或裝訂錯誤，請寄回本社更換
讀者服務傳真專線◎ 02-27150507
電腦編號◎ 551001
ISBN ◎ 978-957-803-911-7
Printed in Taiwan
本書定價◎新台幣 280 元 / 港幣 93 元

• 皇冠讀樂網：www.crown.com.tw
• 皇冠Facebook：www.facebook.com/crownbook
• 皇冠Instagram：www.instagram.com/crownbook1954
• 小王子的編輯夢：crownbook.pixnet.net/blog